中国古代教育智慧
ZHONGGUOGUDAIJIAOYUZHIHUI

管子的教育智慧

刘枫 著

中国商业出版社

图书在版编目（CIP）数据

管子的教育智慧 / 刘枫著. -- 北京：中国商业出版社，2018.5

ISBN 978-7-5208-0382-3

Ⅰ.①管… Ⅱ.①刘… Ⅲ.①法家②《管子》—研究 Ⅳ.① B226.15

中国版本图书馆 CIP 数据核字（2018）第 116946 号

责任编辑：王彦

中国商业出版社出版发行
010-63033100 www.c-cbook.com
（100053 北京广安门内报国寺 1 号）
新华书店经销
天津兴湘印务有限公司

* * * * *

710 毫米 ×1000 毫米　1/16 开　10 印张　110 千字
2018 年 8 月第 1 版　2018 年 8 月第 1 次印刷

定价：35.00 元

* * * * *

（如有印装质量问题可更换）

目 录

第一部分 管仲的教育思想 ·· 1
  一、作者生平简介 ·· 3
  二、管仲的治政教化思想 ·· 5

第二部分 《管子》的教育智慧 ·· 11
  一、《管子》的教育思想 ·· 13
  二、《管子》的教育原则 ·· 17
  三、《管子》四民分业的职业教育思想 ································ 20
  四、《管子》对学生的教育思想 ······································ 25

第三部分 《管子》选编 ·· 27
  一、《弟子职》 ·· 29
    故事：望鲁台——尊师第一台 ·································· 30
    故事：汉明帝尊师 ·· 33
    故事：子贡守丧 ·· 36
    故事：魏昭尊师成大器 ·· 40
    故事：敬师有善报 ·· 42
    故事：岳飞祭师 ·· 44
    故事：张良拜师 ·· 45
  二、国颂 ·· 48
    故事："先富后教"还是"先教后富" ···························· 49
  三、四维 ·· 52
    故事：冯谖买义 ·· 53

四、四顺 ········· 56
　　故事：暴力不敌仁爱 ········· 57
五、十一经 ········· 60
　　故事：南门立信 ········· 62
六、六亲五法 ········· 66
　　故事：上有所好　下必效焉 ········· 68
七、立政 ········· 70
　　故事：明太祖重典惩贪 ········· 70
八、三本 ········· 73
　　故事：宁得罪君子　勿得罪小人 ········· 75
九、四固 ········· 79
　　故事："细柳整军"周亚夫 ········· 80
十、五事 ········· 86
　　故事：节俭帝王隋文帝 ········· 87
十一、七观 ········· 89
　　故事：孙武令行禁止 ········· 90
十二、大数 ········· 93
　　故事：无为而治与文景之治 ········· 93
十三、版法 ········· 96
　　故事：曹操割发代首 ········· 98
十四、法法 ········· 102
　　故事：孙皓失国 ········· 120
十五、戒第 ········· 123
　　故事：齐桓公之死 ········· 134
十六、权修 ········· 138
　　故事：汉武帝信巫术害妻儿 ········· 141
十七、君臣上 ········· 145
　　故事：凡事适可而止 ········· 148
十八、君臣下 ········· 150
　　故事：嵇绍卫帝 ········· 153

第一部分 管仲的教育思想

一、作者生平简介

管仲

管子（？—前645年），名夷吾，字仲，谥号敬仲、仲父，今安徽颍上县人，是我国春秋时期杰出的政治家、思想家、军事家和经济学家，中国宰相制度的奠基人。管仲在齐国治政达四十年。在他任相期间，于政治、经济，军事等诸多领域都有着重要的改革与建树，辅佐齐恒公"九合诸侯，一匡天下"，成为了春秋五霸之首。因此可以说，管仲是中国古代著名的政治家、经济家、军事家，也是一位卓越的改革家。

管子出生于安徽颍河右岸河湾村落一个农民家庭，即今颍卜县管谷村，父亲管严，母亲谷氏。虽然管子幼年丧父，与母亲相依为命，家境并不太富裕，但他也受过读书和习武的民间教育。

管氏的远祖可追溯到殷商时代的管叔鲜。据《浙江青溪管氏族谱》记载：管子是颍上管氏第十二代孙。颍卜当地古民谚说："鬼尾回头望，为官当宰相"。"鬼尾"即公元前698年夏历"癸未"年，这一年，管、鲍离开了颍上。十三年后，也就是公元前685年，管子被拜为齐围宰相。

事实上，管仲在做了齐国的宰相以后并没有立刻被齐桓公重用，而是大半时间都在赋闲。齐桓公刚愎自用、一意孤行，在屡屡碰壁

中国古代教育智慧

管仲

之后才开始采纳管仲的思想见解，管仲的治国教化理论才发挥出作用，齐国的事业从此步入了快车道。

二、管仲的治政教化思想

管仲作为春秋时期开明革新人士的主要代表,在法律思想方面主张"天道"。与法律相结合,改革旧礼与创立新法并举,以法统政、礼法并用,以法律手段推行军事、行政以及商业政策,促进富国强兵。

管仲

(一)择善法而用

对于过去旧有法制的态度,不能简单地废止或是全部否定,而要选择其好的方面创造性地运用,这是管仲的法制改良思想。这里管仲所说的"旧法",包括西周的礼制和刑罚制度,是一个囊括了历史法刑的概念。他突出强调"礼"在治国中的地位和作用。

管仲把礼、义、廉、耻视为"国之四维",是维系国家安定运转的四大绳索,无论其中的哪一根绳索断了,国家机器的正常运转都不会顺畅;两根绳索断了,国家便很危险;三根绳索断了,国家就会颠覆;四根绳索都断了,国家必然灭亡。

管仲所说的"礼",主要是指臣吏服从君主、儿子不违背父亲,以及重用贤才、慈爱百姓、接济败落的国家与世族、薄税轻刑等。

管仲治理国家,主张顺应民心,使百姓有足够的条件休养生息,也要重视教化,不能一味迁就人性的弱点。法令的动机首先不能是要治百姓的,君王大臣要出于公心、克服私欲,率

中国古代教育智慧

齐桓公铜像

春秋时齐国国君（？—前643年），姜姓，名小白。在与其兄公子纠争夺王位获胜后任用管仲改革，选贤任能，加强武备，发展生产。号召"尊王攘夷"，多次会盟诸侯，成为春秋五霸之首。

先垂范于民，遵守国家法令。管子认为："政之所兴，在顺民心。政之所废，在逆民心。"（《管子·牧民》）

然而，"为国者反民性然可以与民戚。民欲佚而教以劳，民欲生而教以死，劳教定而国富。死教定而威行。"（《管子·奢靡》）这就是主次矛盾的辩证法：既要给百姓带来实惠，也不能一味迁就人性的弱点。管仲认为，人性好逸恶劳，要用劳动教育和改造；人性贪生怕死，就用死亡来教育。劳动教育可以让国家富裕，死亡则会让国家的威严树立起来。

治理国家，颁布法令，立规矩，明赏罚。他认为"凡私之所起，必生于主。"（《管子·七臣七主》）即社会私心太盛，必定根源于君主。"为人君者，倍道弃法而好行私谓之乱。"（《管子·君臣下》）当"领导"私心太重，不按规矩办事，就会成为社会的公范。且"有道之君，善明设法而不以私防者也。无道之君，既已设法，则舍法而行私者也。为人上者释法而行私，则为人臣者援私以为公。"（《管子·君臣上》）优秀的领导，用法律制度管人，并且没有私心；庸碌的领导，因为有私心，自己带头破坏法律和制度，上级制定或解释法律的时候有了私心，下级就会假公济私。如果层层领导都带头执行法令，老百姓触犯法令的事情就会大为减少。

（二）重申和改造旧礼

管仲在继承周礼的同时，也对周礼进行了

改造：

一是以"尊王"为旗帜，即维护周天子，来"挟天子以令诸侯"，以"尊王攘夷"和维护周礼为名建立齐国的君主集权制和霸主地位。

二是打破"礼不下庶人，刑不上大夫"的传统，强调"万物待礼而后定"，以礼术来教化和引导民众。同时，削夺封邑，打击分封制的贵族地主，加强诸侯权势的集中。

三是破除"亲亲"的宗法制原则，任用贤能。

四是批判"刑不可知"和轻视法度的旧传统，主张以法令作为人们言行的准则，以公开的法律作为标准，用以赏赐，以资鼓励，并且用刑罚纠正偏颇。

（三）以法辅政　寓兵于农

管仲主张以法理政、以法统军、以法治民，并在制度上将这三者结合起来，这是管仲法律思想的主要表现。

以法理政、统军和治民，是管仲加强君主集权的重要措施，也是他对西周礼治的重大修正。管仲在相齐之初就提出了自己治国的总方针："作内政而寄军令"，富国强兵。这一思想的基本特征是寓兵于农，把军事制度融汇于行政制度之中，以法律强制手段迫使民众就范。为实现这一主张，管仲提出了"四民分居定业"论。"四民"指士、农、工、商。"四民分居定业"思想的具体化是"三国五鄙"制

齐桓公

管仲墓

度。管仲在沿袭"国鄙"制的基础上进行了改良，实行"三国"，把国分成二十多个乡，其中"工商之乡六""士乡十五"。"五鄙"，就是指将"鄙"（即农村）分为五个行政区域，分别由五个大夫统管。管仲的"三国五鄙"制主要依靠的是行政权力和法律强制手段。

为了使民众就范，他特别强调"以威治民"。管仲认为，确立法制和富国强兵，关键是确立并强化君主的权威，使每个民众都畏惧权威、服从权威，而绝不能让民众随心所欲。他把民众分为了上、下两等：上等的"畏威如疾"，即像害怕瘟疫一样地畏惧权威；下等的"从怀如流"，即想干什么就干什么。

（四）顾本兴农 限商立法

管仲主张，法令的制定必须要适应民众好财争利的习性，以建立和保障新的封建经济制度。这是管仲在立法方面，尤其是经济立法方面的主张。

管仲认为，民心的向背，是国家盛衰的关键，是统治成败的标准。从民心好利出发而得出的立法原则，自然要使一切法令政策都建立在物质利益的基础上，使法令适应人们对于物质利益的要求。因此，在管仲看来，法令不仅是制裁民众的暴力工具，同时也是君主利用民力、取得民心的工具。管仲认为，物质利益不仅是人性所求，更是人们遵守礼义法度的前提。

管仲也很重视对传统经济政策的改革，力图用行政和法律手段进行控制，提出了"通货积财，富国强兵"的方针。这两个方面的结合，便形成了管仲的以重商主义为特征的立法思想。其在加强官营商业、手工业的同时，又提倡重农节用，抑制富商大贾。

综上所述，管仲的功业和思想有着自己的特色，对后世有着很大影响。他对周礼的改良，为后来的儒家所肯定；他的"富国强兵""令顺民心""以法统政"等主张，成为了后来法家思想的先声。其他如墨家、道家、阴阳家等派别也都承认他是一位政绩卓著的名相，不同程度地采纳了他的主张。

齐桓公与管仲画像石

第二部分 《管子》的教育智慧

第二部分 慈禧暮年《菅七》始

一、《管子》教育思想

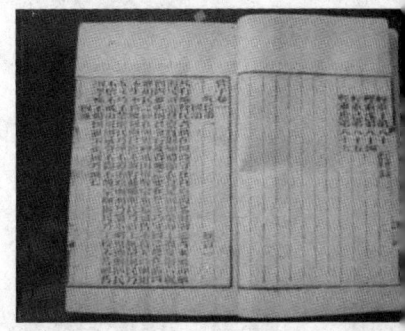

《管子》书影

《管子》是中国古代的一部综合思想论著，也是中国文化宝库中的一朵奇葩，素有"论高文奇"之美誉。

现存《管子》是西汉人刘向编写的，编订时定为八十六篇，今存七十六篇。但史学界对《管子》一书中哪些是稷下先生的遗著、哪些是管仲学派的言论还有争论，但有一点可以肯定的是，该书中的绝大部分思想资料是属于管仲学派的。

作为一部重要的学术著作，《管子》一书蕴含着丰富的政治、经济、军事、教育、哲学、社会及自然科学方面的思想内容，其中礼、法思想是《管子》的核心思想之一，"法"是《管子》一书中出现次数最多的字之一。《管子》一书有关礼、法的思想内容丰富、论述深刻，其中关于礼、法关系的认识对于后世的影响很大。

作为教育著作而论，该书内容丰富多彩，而且独具特色。历代学者都很重视对《管子》进行考订、校正及诠释等工作，唐、明、清三代尤甚，近现代学者在《管子》的研究方面取得的成就、著述亦颇丰。所有这些都为我们研究《管子》及其教育思想提供了丰富的资料。

（一）教化治世

《管子》认为，国家的治乱兴衰在很大程

中国古代教育智慧

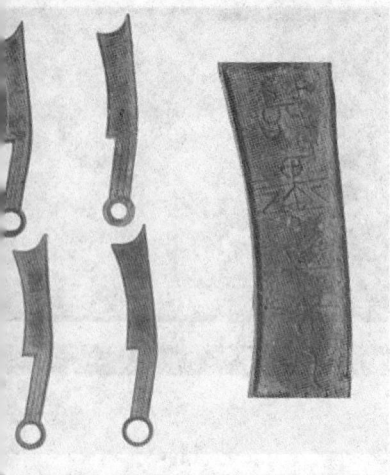

齐国刀币

度上取决于教育和思想教化的好与坏。《牧民》篇说："四维（即礼、义、廉、耻）不张，国乃灭亡。"强调了"礼""义""廉""耻"对国家政治统治的重要性，极力劝导统治者予以高度重视。唯其如此，才能确保国家长治久安。

同时，该书也承认政治对教育有着制约作用，国民教育的提高可以实现富国强兵。《牧民》篇认为，经济是礼义教化的物质基础，"仓廪实则知礼节，衣食足则知荣辱。"经济发展了，物质需要满足了，社会的文明程度才会在良性运转中提高。为国君者，必须要注意国家的经济发展，尤其是确保四季的生产计划顺利开展。物质丰富，生活富裕，人民不论远近，必然都会纷纷聚集到一起来，也会因此进一步推动国家的生产，形成良性循环。先进发达国家的人民不可能逃亡。只要生活不匮乏，道德意识自然就会提高。

一国君主若将财政治理得当，就可使民生安定，人民就会遵守礼义廉耻的道德规范。这样一来，君主的威令便可下达到全国的每一个角落了。

一个领导者，必须最重视一国的经济，刑法等不过是次要的东西。想治理好一个国家，必定要先使人民生活安定，然后再提高人民的道德意识，这是建立国家的基础。基础稳固之后，再祭祀神祇、宗庙与祖先，培养人民的宗教信仰，藉以教化人民（《牧民》篇）。同时

《管子》认为教育对经济发展也有巨大的促进作用，据此提出了四民分业的社会职业教育思想。

（二）教化尚德

教育对形成良好的社会道德风尚有着重大作用。《版法》篇认为："必先顺教，万民乡风。"只有先对百姓施以礼义廉耻等道德规范教育，他们才会趋向好的风化。通过教育和训诲，社会上的"邪行"和"淫事"就会大大减少，社会风气也会好转。《管子》主张由"乡师"主管教育，由"民啬夫"向人民具体实施教育内容。这些反映了私学产生以前，政教合一、教师由国家的一些官员担任的社会特征，对人民群众实施教育的传统在中国历史上是由来已久的。

稷下学宫

"稷"是齐都临淄一处城门名，"稷下"即的齐都临淄城稷门附近，齐国君主在此设立学官。学官因处稷下而称为"稷下学官"。

（三）教化净心

教育对人的个性发展也有着重要的推动作用。《管子》很重视教育对人的感化作用，将教育比作"秋云""夏之静云""皓月""流水"，以其纯净、恬淡和光辉激励感化着人的心灵，催人向善，做一个品质和道德高尚的人。

（四）教化育人　礼法并用

《管子》对教育的树人育人方面有着十分明确的观点。《权修》篇说："一年之计，莫如树谷；十年之计，莫如树木；终身之计，莫如树人。一树一获者，谷也；一树十获者，木也；一树百获者，人也。"古谚"十年树木，百年树人"即源于此，这不仅强调了"树人"

管子的教育智慧

中国古代教育智慧

书法作品

的长期性和重要意义，还充分肯定了"树人"带来的巨大社会影响力。这种对教育作用的深刻认识，至今仍为现代教育所认可，依然发挥着权威的教育导向作用。

《管子》的思想还体现在主张"礼法并用的统治术"上。管仲把中央集权与宗法制度结合起来，在《互辅》篇中阐述了礼对维护封建制度的重大意义。《牧民》篇把礼义廉耻看作是"国之四维"，指出："守国之度在饰四维"，"四维张则君令行"。《管子》把维护国家统治的"四维"看成是四条绳索，其中的一根绳索断了，国家就要倾斜。与此同时，管仲也极力强调法的作用。在《法禁》《重令》《任法》等篇中，其都强调了法的重要性。它指出，立法的是君主，执法的是臣下，遵守法令的是人民。为了达到天下大治，必须"君臣上下贵贱皆发焉"（《任法》），意思是说君臣上下不分贵贱都要遵从法令。

二、《管子》的教育原则

《管子》突出强调教育对治国安民、富国强兵、移风易俗及树人、育人等方面的重大作用,这在现代社会也是有着重要的借鉴意义的。书中关于道德教育的内容相当多,占了较大篇幅,主要包括礼、义、廉、耻、孝、悌、慈、惠、仁、信等道德规范,而礼、义、廉、耻又是道德教育的核心内容。《牧民》篇中对道德规范的核心内容进行了简要说明,"礼不逾节,义不自进,廉不蔽恶,耻不从枉。"在《五辅》篇中对礼与义的道德规范基本内涵做了比较详尽的论述,其与孔孟的"仁政"的理论一样,都是为了维护封建礼教统治而服务的,在我国封建社会伦理道德规范的形成过程中有着举足轻重的地位。

《管子》主张用社会伦理道德规范约束个人的道德行为规范,在具体分析道德教育活动中的成功与失败经验教训的基础上总结出了以下道德教育原则。

（一）积极自我规束

《管子》认为,人们在接受道德教育时应有积极主动的精神,不能懒惰,正如《形势解》篇所说,"解惰简慢,以之事主则不忠,以之事父母则不孝,以之起事则不成。"

（二）谦逊为人

《管子》反对骄傲自满、居功自伐,积极

孔子

孔子（前551年—前479年）,名丘,字仲尼。春秋末期伟大的思想家和教育家,儒家思想的创始人。

管仲塑像

提倡谦虚处世,认为独善其美,自持其盛,自奋其能,而以骄傲放荡的姿态去欺凌他人,失败就会从这里开始。《宙合》篇以"盛必失而雄必败"提醒那些居功自大的人应注意,不然则会大事难成。

(三)"言察美恶"

《宙合》篇把慎言列为道德修养的重要原则。它主张说话要分场合、有原则,做到"言察美恶,别良苦。"如果言不周密,有时不仅会给自己惹出麻烦、招来祸患,甚至还会给他人和社会带来危害,故"言不可不慎也"。

(四)善小即为

《权修》篇认为一个人要想修养好的道德情操,最重要的是时时刻刻从小处严格要求自己,这样经过日积月累的培养,最后才能修成大德。对于一个国家来说,要形成良好的社会风气,统治者就必须教导人民注意"谨小礼,行小义,修小廉,饰小耻,禁微邪。"如果道德教育不从小处做起,不去防微杜渐,那么"微邪"就会变成"大邪","大邪"最终也会危害到国家。要采取积极的态度,不能等问题发生了再去解决,应防患于未然。这种思想是十分先进的。

(五)自省自察

《管子》教导人们要经常反思自己的行为,从各方面严格要求自己,还要从"绝理者"身上汲取教训,从"不及者"身上取得借鉴,以便能够更清楚地反思自我。如此,才能不断地提高个人的道德修养。此外，《管子》在道德教育上很重视道德行为的感化及自觉性，认为道德教育是以启发和感化为特征的，要使人们从内心受到感化，从而自觉地遵守道德规范。

　　《管子》道德教育的内容涉及了道德教育的一些本质范畴，道德教育原则也从一定程度上反映了道德教育的某些规律，这些思想对后世的影响很大。不可否认，它们具有鲜明的时代性，即为当时统治者服务的特征。在今天看来，如果我们抛弃其时代性及阶级性，从一般意义上对其道德教育思想加以继承的话，无疑会为我们的精神文明建设注入新的内容。

稷下学宫遗址

中国古代教育智慧

齐国贤士——黔娄

黔娄是春秋时齐国的高士，齐、鲁国君都请他做官，他坚辞不就。

《小匡》篇中说："士农工商四民者，国之石民也，不可使杂处，杂处则其言哤，其事乱。"这就是《管子》提出的改革社会行政组织的方案，即"处士必于闲燕，处农必就田野，处工必就官府，处商必就市井。"即使士、农、工、商四民分业聚居。

四民分业聚居有其重要的社会意义：

第一，有利于形成一个良好的生产和流通环境，促进士、农、工、商四业的全面发展。

第二，有利于子弟形成良好职业观。

《小匡》篇认为，从小对子弟进行有关学习与修养、操作方法、经营技巧等方面的教育和指导，同时又教育他们热爱这些行业，"旦夕从事于此，以教其子弟，少而习焉，其心安焉，不见异物而迁焉。是故，其父兄之教，不肃而成，其子弟之学，不劳而能。"如此的早期教育对子弟形成稳定的职业观就会产生积极的作用。所以，经过长期的环境熏陶和父兄的言传身教，再加上子弟的耳濡目染，然后就能做到"士之子常为士""农之子常为农""工之子常为工""商之子常为商"。

这样看来，《管子》在教育观上基本上属于环境论者，偏重于环境对人生职业选择的积极熏陶和影响。

第三,"士农之乡十五",寓兵于农,兵农合一,有利于强兵。

第四,有利于加强社会管理,严格社会控制。

第五,四民分业聚居,还有利于权力机构有针对性地对各个"社区"分别实施不同的社会教育内容和方式方法。其具体包括这样几个方面。

(一)士的教育

在《管子》中,"士"为四民之首,它含有两种成分:军士和文士。这二者直接关系到国家的安危治乱,关系到社会的稳定和发展。因此,对士的教育显得特别重要。

士必须要经过严格选拔,即经过《管子》所提出的"三选"法中的第一选才能实现。"三选"法指的是由乡长、官长、君主的三级人才选拔制度。一选,是由乡长将"居处为义、好学、聪明、质仁、慈孝于父母,长悌闻于乡里者"及"有拳勇、股肱之力、筋骨秀出于众者"举荐出来,使前者成为文士,使后者应征入伍,成为军士。这就是文士、军士的分流。如果被举荐的文士中有特别优异者,就再由各级行政长官用书面材料上报给君主,这是二选。三选是由君主做最后的选择,将下面举荐的人才召来面试,若可举用,就待时而聘。凡是有考问国家忧患之事而应对不穷的,国君

管子的教育智慧

乱世贤士——淳于髡

淳于髡,战国时期齐国(今山东省龙口市)人。齐国赘婿,齐威王用为客卿。他学无所主,博闻强记,能言善辩。他多次用隐言微语的方式讽谏威王,居安思危,革新朝政。还多次以特使身份周旋于诸侯之间,不辱国格,不负君命。

中国古代教育智慧

齐国将军——田单

齐国名将，生卒年不详，后来到赵国做了将相。

就派人下到乡里调查他的能力，没有大过的便提为上卿的助手。

《管子》的"三选"法是我国教育史上关于取士制度的比较可靠的最早记载，它对于后世的民主荐举制度有着直接而深刻的影响。

经过选拔分为"文士"和"军士"以后，这两类"士"要分别接受不同的教育。

首先是对文士的教育。《小匡》篇是这样说的："令夫士，群萃而州处，闲燕则父与父言义，子与子言孝，其事君者言敬，长者言爱，幼者言弟。"经常对"士"及其子弟实施义、孝、敬、弟等方面的教育，要求他们"处靖，敬老与贵，交不失礼。"以此来提高他们的伦理道德水平，并使这部分士成为知情达理、有一定修行素养的文明阶层。

其次是对军士的教育。经过选拔而刚入伍的新兵，并不能马上参加战斗，在此之前要必须进行经过严格的军事教育。内容包括"政教"与"服习"，即管理与思想教育和军事训练两方面内容。第一，管理与思想教育。这方面的工作主要是由将帅对士兵进行爱国、爱家乡父老乡亲的教育，即爱国主义教育。通过爱国教育，使官兵从内心中保持一个强大的精神支柱和奋勇杀敌的内在力量源泉。第二，军事训练。其具体内容如《幼官》篇所规定的："动慎十号，明审九章，饰习九器，善习五教，谨修三官。"在军事教育方法上，《管子》提出了"因便而教""教无常"的原则，就是要根据具体的客观条件灵活施教,不可拘于成法,从而使军队养成一个灵活而且能够适应各种形势的习惯。这一原则堪与孔子的"因材施教"原则相提并论,并有着相同的渊源。通过对士兵进行严格的军事教育和军事训练,就一定能够大大提高军队的凝聚力、向心力及战斗力,如此便可守则固,战则胜,无敌于天下。

（二）农本教育

《管子》十分重视农业,认为农业是国之"本",对一个国家的兴衰治乱起着至关重要的作用。《管子》极力规劝吏民重视并大力发展农业,劝导农民应"务在四时",精耕细作,辛勤劳动,并周到地做好粮食的贮藏工作。为更有效地向百姓推行农事教育、发展农业生产,《管子》还主张设立"虞师""司空""司田""乡师"等官职,由他们分别负责向农民实施农事教育,视察农业生产和基础设施的建设状况,及时为农民解决困难。这对后世的"农本"思想的教育和农技指导政策的沿袭有着深远影响。

（三）工商业教育

《管子》的思想虽以农业为"本"、以工商业为"末",并且有"饬末""禁末"的思想倾向和行为趋势,但并非反对一般的工商业,它所反对的只是对国家富强不利的工商业。《小匡》篇说:"相良材,审其四时,辨其功苦,权节其用,论比,计制,断器,尚完利。"在对手工业者和工匠进行教育时,突出

高子

春秋齐国世臣,在卿大夫中声望最高。公元前686年,公孙无知等作乱,杀齐襄公自立,高子等用计诛除乱党,并拥立公子小白,是为齐桓公。因封地在敬仲,故人们又以"敬仲"尊称他,自号"白兔先生"。

中国古代教育智慧

齐国金银错镶嵌铜尊

牺尊是指"刻为牺牛之形，用以为尊"的酒器。此牺尊通体是以粗细相间的金、银丝嵌饰的几何云纹，设计独特，工艺娴熟，是战国时嵌金银工艺的佳品，反映出了齐国手工艺技术水平的高超，同时也反映了齐国经济的繁荣昌盛。

了产品的质量，要求工匠选造出种类齐全、工艺精致的手工业产品，以满足社会的需要；对于商人的教育，也提出了相应的具体措施和办法："观凶饥，审国变，察其四时而监其乡之货，以知其市之贾。负任担荷，服牛骆马，以周四方；料多少，计贵贱，以其所有，易其所无，买贱鬻贵。"从而促进商品的交流和市场的繁荣。同时，《管子》还教导工匠和商人要经常切磋生产与操作技艺、交流市场的行情。

《管子》一书的四民分业的社会职业教育思想具有这样几个特点：

1．鲜明的政治性和生产性，它是为巩固齐国政治统治而服务的。

2．注重环境对职业技术教育的积极作用。至于教育过程、内容和方法等方面未做具体规定，基本上采取的是顺其自然的态度。

3．子承父业，家业传世。这样，个体家庭不仅是物质及人身再生产的社会细胞，而且也成为精神再生产的社会基本单位。子承父业是中国古代社会职业技术劳动力更新的一贯传统。

4．四民分业的社会职业教育是一种终身教育，符合职业教育的终身性要求。

四民分业的社会职业教育思想具有很强的时代性，是当时社会生产关系的反映并为封建社会的发展和进步所服务，是中国古代历史上最早的职业技术教育，并具有自身的特色，所以应当给它应有的历史地位。

四、《管子》对学生的教育思想

《管子》中的《弟子职》篇,古人认为是塾师教育弟子的法则而以单行本传习。

1. 关于尊师的规则:弟子在先生的生活起居方面要温恭尽职、待师如宾。

2. 关于受业的规则:学生聆听先生教导时要谦恭虚心,按礼节行事,并积极发挥出主观能动性。由于学生的年龄大小及文化程度高低各不相同,因此采用复式教学法,先生对学生因材施教。学生平日要勤奋学习,晚上等先生休息后彼此相互切磋,以求进步。

3. 关于言谈举止的规则:一切言语行动都应以中和之道为原则,并且要培养良好的道德品质和情操修养。

4. 关于外出交游的规则:外出、居家一定要遵守常规,接近有德之士,对待客人彬彬有礼。

5. 关于日常生活的规则:对饮食起居之道、洒扫应对之节、坐立行卧之法等做了细致入微的规定,形成了一个针对学生成长的具体详细的规范模板。

《弟子职》把这些作为道德教育的基本内容并同教学融为一体,两者相辅相成,相得益彰。

程门立雪

出自《宋史·杨时传》。杨时和游酢去拜会当时著名的理学家程颐。程颐正在闭目养神,杨时、游酢二人恭敬地站在一旁等了很长时间。程颐醒来,门外已雪深一尺。后人就以"程门立雪"作为尊师重道的范例。

中国古代教育智慧

岳麓书院

《弟子职》对学生的要求相当全面、具体而严格,它以四言对仗的形式编写成章,便于记诵,这种学规与教学相结合的特点是值得充分肯定的。它总结了教学管理的有益经验,也反映了战国时期教育的部分史实。

对《弟子职》应当用辩证的观点加以分析学习与借鉴。作为学规,它是中国古代教育史上第一个较为完备的学生守则,并成为后世官学、私学、书院制定学规、学则的范本。

《管子》教育思想具有两大特点。

首先是社会教育观。《管子》以治国为目的,从政治、经济、军事、文化及教育等方面分别阐述了以此为核心的教育服务。它在论述其教育思想这一子系统时是紧紧围绕着使齐国国富民强这一最高目标展开的,并且贯穿于《管子》的整个教育思想中,并使各部分教育思想有机地结合在一起,从而形成了一个涉及面广、结构复杂而又比较协调的教育思想体系。

另外,《管子》的教育思想充分体现了齐文化开放、吸收、兼容并包与创新的特点。《管子》教育思想兼容各家,不拘成说,具有很强的开放性与互融性;同时,又具有创新的特色。这是《管子》教育思想中最值得我们借鉴的地方。

第三部分 《管子》选编

一、《弟子职》

私塾

【原文】

先生施教，弟子是①则。温恭自虚，所受是极②。见善从之，闻义则服③。温柔孝悌，毋骄恃力。志毋虚邪，行必正直。游居④有常，必⑤就⑥有德。颜色⑦整齐，中心⑧必式。夙兴夜寐⑨，衣带必饰。朝益暮习，小心翼翼。一此不解⑩，是谓学则。

【注释】

①是：代词前置，是一种常见的语法现象。

②极：极点，透彻。

③服：顺从。

④游：出游，外出。居：在家。

⑤必：必须，一定。

⑥就：靠近，接近。

⑦颜色：容颜，脸色。

⑧中心：内心。

⑨夙兴夜寐：起得早而睡得晚，形容勤奋劳作。

⑩解：通"懈"，懈怠。

【译文】

先生施教，弟子遵照学习。谦恭虚心，所学自能彻底。见善就跟着去做，见义就身体力行。性情温柔孝悌，不要骄横而自恃勇力。心志不可虚邪，行为必须正直。出外居家都要遵

中国古代教育智慧

孔子讲学图

守常规,一定要接近有德之士。容色保持端正,内心必合于规范。早起迟眠,衣带必须整齐;朝学暮习,总要小心翼翼。专心遵守这些而不懈怠,这就是学习规则。

【故事】

望鲁台——尊师第一台

望鲁台为春秋战国时期大教育家孔子贤徒燕伋所筑,位于陕西省千阳县境内,距今二千四百余年,及中国尊师第一台。

燕伋(前541年—前476年),字子思,秦地千阳燕家山(今陕西省千阳县)人,孔子弟子,七十二贤之一。燕伋一生三赴鲁从师孔子。归里后在渔阳(今千阳县裴家台)设教十八年,积极传授孔子的学说。燕伋辞世后历代朝廷对其大加封赠:唐开元二十七年(739年),玄宗封伋渔阳伯;宋真宗大中祥符二年(1009年),加封伋开源侯;明追称"先贤燕子"。山东曲阜孔庙供有燕伋牌位和石刻像,圣贤祠内还塑有燕伋像。

燕伋为人谦虚诚厚,很受孔子赏识,深得孔子亲传。燕伋第二次从鲁归里后,于公元前501年在渔阳设馆办学,有教无类,广收门徒,传播儒学,培养了一大批人才,推动了当地教育、经济、文化事业的巨大发展。燕伋是西北大地上孔子唯一的贤徒,"开西秦设馆教学之先河"，在弘扬民族文化、传承儒家学说等方面做出了巨大贡献。

　　燕伋在渔阳设教的十八年间，因思师心切，便每日在学堂后面的黄土塬边登高远望鲁国。为了能站得更高望得更远，燕伋每日用衣襟撩土垫足登高以望鲁，日复一日，年复一年，逐渐形成了一处锥形土台，这个土台被后世人称为"望鲁台"或"燕伋望鲁台"。

　　望鲁台高十一米、底径三十五米，四周及广场占地约八千多平方米，虽几经沧桑、历史变迁，但保护完好、气势巍然、形体高大。它不但是燕伋用心血和每日撮土的具体行动日积月累而成的真情台，更是燕伋以思师、念师、感师、敬师之大德大美品性、精神浇铸起来的尊师台。其深厚的文化积淀和历史涵蕴全部体现在燕伋笃敬恩师的赤诚与每日撮土登高以望鲁的尊师情结中，这是燕伋敬师真情、尊师行为的凝定与释放，是中华民族尊师重教优良传统的历史见证和真实写照，在中国教育史上都是极具创意的伟大壮举。燕伋也因此被称为我国"古代尊师第一人"，望鲁台则被称为我国"尊师第一台"。

燕伋

中国古代教育智慧

老师教习

【原文】

少者①之事,夜寐早作。既拚盥漱②,执事有恪③。摄④衣共盥,先生乃作。沃⑤盥彻盥,汛拚正席,先生乃坐。出入恭敬,如见宾客。危坐⑥乡⑦师,颜色毋怍⑧。

【注释】

①少者:指弟子。

②拚:清扫,打扫。

③恪:谨慎,恭敬。

④摄:提起。

⑤沃:以水洗手。

⑥危坐:古人以两膝着地,耸起上身为"危坐",即正身而跪,表示严肃恭敬。

⑦乡:通"向"。面对着。

⑧怍:面色改变。

【译文】

少年学子的本分,要注意晚睡早起。晨起清扫席前而后洗手漱口,做事要注意恭敬谨慎。轻提衣襟为先生摆设盥洗之器,先生此时正起。服侍先生洗完便撤下盥器,又洒扫室屋摆好讲席,先生便开始坐入讲席。弟子出入都要保持恭敬,其情景如同会见宾客。端正地坐着面向老师,不可随便地改变容色。

【故事】

汉明帝尊师

刘庄是东汉光武帝刘秀的第四子,刘庄被立为皇太子后,光武帝拜谦恭有礼、学识渊博的桓荣为太子少傅,负责教授太子。

后来刘庄登基即位,就是汉明帝,他依旧待桓荣以师礼,对其非常尊敬。桓荣当时任太常之职,掌管宗庙礼仪和选试博士,已经年逾八十了。桓荣自认为已经衰老,多次上书请求辞职,汉明帝总是不允许,并且每次都会对他增加赏赐。

汉明帝到太常府时,总是让老师桓荣坐西面东,以示对老师的尊敬,当时视居西面东为尊位,并且设置好几案手杖,像以前一样聆听老师的教诲。这也是后来很多人又将授业之师尊称为"西席"的原因。

汉明帝还召集文武百官以及桓荣教过的数百名学生到太常府,并且汉明帝会亲自捧书向老师桓荣求教,每次开口总是先说:"大师在此。"请教完毕,会将太官供品用具全部都赏赐给桓荣。

永平二年,汉明帝为照顾年老致仕的桓荣,拜其为"五更",每次祭祀礼仪完毕,汉明帝总是会请桓荣和其弟子升堂,然后自己捧着经书以自问自答的方式向桓荣求教。后来又封桓荣为关内侯,封邑五千户。

每次桓荣生病,汉明帝都会专程派使者前

汉明帝

汉明帝刘庄(28年—75年),字严,庙号显宗,汉光武帝刘秀的第四子,死于永平十八年(75年)八月,在位十九年,死时四十八岁。葬于显节陵,谥号孝明皇帝。

中国古代教育智慧

桓荣

桓荣,字春卿,永城龙岗人。建武二十八年(52年),光武帝拜桓荣为太子少傅。太子即位,是为明帝,以师礼待桓荣,对他十分敬重。桓荣病故,明帝身穿孝服,临丧送葬,葬其于首山之阳。

去慰问,以至于在通往桓荣家的道路上经常能够看到太官和太医。桓荣病重时,汉明帝就亲自到他家中探望其起居情况,在走到桓荣家所在街道时便下车步行,以示尊敬。进门后,他总会捧着经书来到桓荣面前,流着眼泪抚慰桓荣,并赐给他床褥、纬帐和衣被等物品,很长时间才离去。从此以后,文武百官来询问病情的都不敢再乘车到桓荣家门前了,并都在床下拜见。

桓荣去世后,汉明帝亲自穿起孝服,亲临丧礼并送葬,将首山的南面赐给他作为墓地,并且安置善待他的子孙和家人。

汉明帝尊师重道,给天下百姓做出了表率。明帝对自己非常严格,他虚心听取老师的教诲,丝毫不对老师摆帝王的架子,因此明帝之世吏治比较清明,境内安定。

管子的教育智慧

童子温习

【原文】

受业①之纪,必由长始;一周则然,其余则否②。始诵必作③,其次则已。凡言与行,思中④以为纪⑤。古之将兴者,必由此始。后至就席,狭坐则起。若有宾客,弟子骏作⑥。对客无让,应且遂行,趋进受命。所求或不在,必以反⑦命。反坐复业。若有所疑,奉手问之。师出皆起⑧。

【注释】

①受业:跟随老师学习。

②否:不,不然,不如此。

③作:起身。

④中:指中和之道。

⑤纪:法则,准则。

⑥骏作:迅起。

⑦反:通"返"。返回,回归。

⑧起:起立。

【译文】

接受先生讲课的次序,一定要从年长的同学开始,诵读要站起身来。一切言语、行动,以牢记中和之道为准则。后到的同学入席就坐,旁坐者就应及时站起。如有宾客来到,弟子要迅速起立。对待客人,不可失礼,边应边走,快进来向先生请示。即使来客所找的人不在,也必须回来告知。然后回原位继续学习。学习中若有疑问,应举手提出问题,等待先生回答。先生出去时,学生都要起立。

中国古代教育智慧

子贡

子贡，即端木赐，是孔门七十二贤之一，他是孔子的得意门生，且列言语科之优异者，孔子曾称其为"瑚琏之器"。他利口巧辞、善于雄辩，且有干济才、办事通达。曾任鲁、卫两国之相。他还善于经商之道，曾经商于曹、鲁两国之间，富致千金，为孔子弟子中首富。

【故事】

子贡守丧

子贡，姓端木，名赐，字子贡，春秋时卫国人。孔子七十二贤之一，小孔子三十一岁，曾任鲁、卫大夫，善于货殖生意，家境富有，后死于齐国。

子贡于孔门四科中属于言语科，口才非常好，并且善于发问。在《论语》中，常可见到子贡发问的情形，问的内容有很多，如他曾问仁、问政、问友、问士、问君子等等。

子贡不仅是孔子儒家学说的传播者，而且还是其坚定的捍卫者。他视师志为己志，弘扬道德仁政思想，时时处处都会维护老师的尊严和声誉。

陈子禽问子贡说："孔子的学问是从哪儿得来的？他周游列国，了解了各国的政事，是请求人家告诉的，还是人家主动说的呢？"

子贡说："文王、武王的仁义之道流传在世间，贤能的人知道它的内涵，缺少贤能的人只知它的皮毛，道义公理无处不在，夫子在哪里不能学习呢！夫子打听消息的方式也和一般人不一样，他是凭着温和、善良、恭谨、俭朴、谦让的美德得来的。"

齐景公向子贡询问孔子的贤能时，子贡马上回答说："夫子圣人也，岂只贤哉。"

鲁国大夫叔孙武叔毁谤孔子，子贡义正词严地说："这样做是没有用的！夫子是毁谤不了的。别人的贤德好比丘陵，还可超越过去。夫子的贤德好比太阳和月亮，是无法超越的。虽然有人要自绝于日月，但对日月又有什么损害呢？只是表明他不自量力而已！"

在孔子去世后，其他弟子皆以父母之丧守丧三年，唯独子贡庐墓守丧六年才离去。在子贡的守丧岁月之中，没有锦衣玉食，只有粗茶淡饭、短褐布衣；没有交际应酬，生活几近苦修、隐居；没有太多的欢乐笑话，只有无尽的思念。

当然，子贡这样做是源于他对孔子的敬佩和对其学说主张的深刻理解，源于他认定追求真理和维护道德是正义的事情。

子贡庐墓处

中国古代教育智慧

拜师

【原文】

至于食时，先生将食，弟子馔馈①。摄衽盥漱，跪坐而馈。置酱错②食，陈膳毋悖③。凡置彼食：鸟兽鱼鳖，必先菜羹。羹胾④中别，胾在酱前，其设要方。饭是为卒，左酒右浆。告具而退，奉手而立。三饭二斗，左执虚豆，右执挟匕，周还⑤而贰，唯嗛之视。同嗛以齿，周则有始，柄尺不跪，是谓贰纪。先生已食，弟子乃彻。趋走进漱，拚前敛祭。

先生有命⑥，弟子乃食，以齿相要，坐必尽席。饭必奉钵，羹不以手。亦有据膝，毋有隐肘。既食乃饱，循咡⑦覆手。振衽⑧扫席，已食者作，抠⑨衣而降⑩。旋而乡席，各彻其馈，如于宾客。既彻并器，乃还而立。

【注释】

① 馔馈：进献肴馔。
② 错：通"措"，安置，摆放。
③ 悖：错乱。
④ 羹胾：羹，用蒸煮等方法做成的糊状、冻状食物。胾，切成大块的肉。
⑤ 还：回到原处或恢复原状。
⑥ 命：吩咐，嘱咐。
⑦ 咡：口。
⑧ 振：抖动，摆动。
⑨ 抠：抓，提。
⑩ 降：坐下。

【译文】

到了用饭的时间,弟子要把饭菜给先生送上。挽起衣袖洗漱之后,跪坐着把饭菜献给师长。摆放酱和菜,饭桌不可杂乱无章。上菜的一般程序是:上肉食(鸟兽鱼鳖)之前,必须先上蔬菜羹汤。羹与肉相间排列,肉放在酱的前方,其席面应摆成正方形。左右摆放漱口用的酒、浆,饭则上在最后,饭菜上完即可退下,拱手立于一旁。一般是三碗饭两斗酒,弟子左手拿着空碗,右手拿着筷勺,将酒饭轮流添上,时刻注意着杯碗将空的尊长。多人空碗按年龄分为先后,周而复始。用长勺就无需跪着送上。这都是添饭的规章。待先生吃饭完毕,弟子便撤下食具,赶忙为先生送来漱器,再清扫席前并把祭品收起。

弟子用餐,要等先生吩咐之后,方能开始。弟子进餐时,按年龄顺序坐好,饭须用手捧食,羹汤不能用手拿拣。可以使两手凭靠膝头,不可使两肘依伏桌面。待至吃完,用手拭净嘴边,抖动衣襟移开坐势,提衣离开桌面。过一会儿又需回到席前,各自撤下所食,就像替宾客撤席一般。撤席后,把食器收起,弟子又回去垂手站立。

清代私塾

中国古代教育智慧

郭林宗

郭泰（128年—169年），字林宗，东汉太原郡介休人（今山西介休），东汉时士人代表和太学生领袖。少有大志，苦读成才，精通典籍，熟诵经史，淡泊仕途。建宁二年（169年）春，郭泰逝世，年仅四十二岁。

【故事】

魏昭尊师成大器

东汉时期，有一位名叫魏昭的人，当他还在童年求学的时候，看到郭林宗，心想这是一位难得的好老师，便对人说："教念经书的老师是很容易请到的，但是要请到一位能教人成为老师的人，就不容易找到了。"所以他就拜郭林宗为老师，而且派奴婢侍奉老师。

但是郭林宗体弱多病，有一次他要魏昭亲自煮粥给他吃。当魏昭端着煮好的粥进来的时候，郭林宗便呵责他煮得不好，而魏昭就去再煮一次。这样一连三次，到了第四次，当魏昭再端粥来而又没有不好的脸色时，郭林宗才笑着说："我以前只看到你的外表，今天终于看到你的真心了！"于是大喜，将毕生所学的都全部教给了魏昭，而魏昭也终成大器。

管子的教育智慧

【原文】

凡拚之道：实①水于盘，攘臂袂及肘，堂上则播洒，室中握手②。执箕膺揲③，厥④中有帚。入户而立，其仪不忒。执帚下箕，倚于户侧。凡拚之纪，必由奥⑤始。俯仰磐⑥折，拚毋有彻。拚前而退，聚于户内。坐板⑦排之，以叶⑧适己，实帚于箕。先生若作，乃兴而辞。坐执而立，遂出弃之。既拚反立，是协⑨是稽，暮食复礼。

私塾教学模拟图

【注释】

①实：满，塞。

②握手：指拳屈手指以掬物。

③膺揲：以箕舌自向胸前。

④厥：代词，它的。指畚箕。

⑤奥：古时指房屋的西南角。

⑥磐：通"盘"。回旋，盘曲。

⑦板：片状的木头。后凡施于宫室器用的片状物皆可称板。

⑧叶：合，共同。

⑨协：协和，协调。

【译文】

洒扫的做法是：把清水打进盆里，将衣袖挽到肘部，堂屋宽敞的可扬手洒水，内室窄小的应当掬水近泼。手拿畚箕使箕舌对着自身，畚箕里要同时放进扫帚。然后到屋里站一会儿，其仪止不容差错。拿起扫帚就同时放下畚箕，一般是把它靠在门侧。凡按照洒扫的规矩行

中国古代教育智慧

送子观音图

事，必须要从西南的角落扫起。在屋里俯仰躬身进退，扫除时不要碰动其他东西。从前边往后边退着洒扫，最后把垃圾聚在门里。蹲下来用木板排进垃圾，注意使箕舌对着自己，还要把扫帚放进畚箕。先生若此时正巧出来做事，便起来向前告止，然后再蹲下取箕帚，出门倒掉垃圾。洒扫完，仍然回来站立，这样就合乎规矩了。进晚餐时，仍然要遵守早餐时的礼仪。

【故事】

敬师有善报

明朝时，在四川灌县有一位银匠，名叫何云发，他平日侍奉师傅非常恭敬诚恳。每次若在道路上遇到师傅，他一定会双手拱立，诚心敬意地向师傅问好。不久，他的家渐渐富有起来，但是结婚多年却一直没有子女，有一天他妻子梦到送子观音来托梦说："你命中本来注定没有子女，但因你的丈夫恭敬师傅，所以上天许你生个贵子。"后来他们夫妇果真生了儿子，并得到这儿子的孝顺供养，一生都衣食丰厚。

管子的教育智慧

【原文】

昏将举①火，执烛隅②坐。错总③之法，横于坐所。柸之远近，乃承④厥火，居句⑤如矩，蒸⑥间容蒸。然者处下，奉碗以为绪⑦。右手执烛，左手正柸。有堕⑧代烛，交坐毋倍⑨尊者。乃取厥柸，遂出是⑩去。

尊师图

【注释】

①举：点燃。

②隅：边，旁。

③错：通"措"，安放，安置。

④承：继承，接着。

⑤居句：方圆直曲。

⑥蒸：细小的木柴。

⑦绪：余留的，遗留下来的。

⑧堕：通"惰"。懒散，懈怠。

⑨倍：通"背"。反，背向。

⑩是：助词，把行为对象提前，表示只这样做。

【译文】

黄昏的时候，要点燃火炬，弟子握执，坐在屋室的一角。执火炬照明也有规定。要注意安放柴束的方法，应当是横放在所坐之地。要看着"烛烬"的长短，对火炬进行接续，如法在原处安放上去。柴束之间还要留有可容一柴的空隙。燃烧的灰烬落下，要捧碗来盛装火绪的余灰。用右手拿着火炬，用左手修整"烛烬"。一人疲倦了由另一人及时接替，轮番交坐，不

中国古代教育智慧

岳飞像

岳飞（1103年—1142年），字鹏举，谥武穆，后改谥忠武。绍兴十一年（1141年），秦桧以"莫须有"（或许有）的罪名将岳飞毒死于临安风波亭，时年三十九岁。留有《岳武穆集》（又称《武穆遗书》）。

可背向老师。最后把余烬收拾起来倒出去。

【故事】

岳飞祭师

岳飞因幼年丧父，家境贫寒，无钱上学。周侗十分喜欢这个勤学的孩子，于是免费收岳飞当了学生。周侗老师不仅教会了他射箭的绝技，还教育他如何做人，帮助他树立爱国爱民、建功立业的远大抱负。在一次演练中，岳飞连射三箭，箭箭射中靶心。周侗大为赞赏，把自己心爱的一张弓送给了他。

正当岳飞日渐进步，各种兵器都能运用自如的时候，周侗却不幸病故了。周侗去世后，岳飞把他以父亲之礼安葬。每到初一、十五，岳飞不管在什么地方都会祭拜老师。在痛哭一番之后，他必定会拿起老师所送的三百斤重的弓射上三箭。他这份念念不忘师恩的真情，正是他日后精忠报国的忠心之源。

管子的教育智慧

【原文】

就寝夜读,先生将息①,弟子皆起。敬奉枕席,问所何趾②;俶③衽则请,有常④则否。先生既息,各就⑤其友。相切相磋,各长其仪。周则复始,是谓弟子之纪。

【注释】

①息:休息。
②趾:足趾,指脚的方向。
③俶:整理。
④常:定规。
⑤就:凑近,靠近。

【译文】

晚上学习到一定时辰,先生要先休息,弟子都要起来服侍,恭敬地奉上枕席,问老师足向何处。第一次铺床要问清楚,以后就无需再提了。先生就寝休息后,弟子还要再学习一段时间,互相切磋琢磨,各自加深理解所学的义理。如此反复,这是作为学生的准则。

【故事】

张良拜师

张良(?—前186年),是西汉高祖刘邦的军师,西汉的开国谋臣。他的祖先是韩国("战国七雄"之一)人。在秦灭韩后,张良立志为韩国报仇。有一次,因刺杀秦始皇未遂,受到追捕而躲避到了下邳(今江苏邳县南)居住。

张良

中国古代教育智慧

张良拾履

有一天,张良闲来无事,便信步出游。当他走到下邳桥的时候,看到一位身穿粗布麻衣的老人站立在桥头,老人的衣着打扮像一个贫苦的人,似乎在等待什么人的到来。张良走过老人身边时,老人故意把自己的鞋子脱掉,丢到桥下,然后指着张良说:"年轻人,到桥下把我的鞋子取上来。"听着这无礼的要求,张良一股怒火直往上窜,心想:"我与你都不认识,凭什么要我给你拾鞋?"但当他想到老人年岁已大,身体不灵便时,便强压着怒火,到桥下为老人取来了鞋子。看着张良拿着鞋子走上桥来,老人脸上露出了一丝笑容。他慢慢地伸出脚,对张良说:"把鞋给我穿上!"张良想:"算了,老人家弯腰也不方便,既然已经为他拾了鞋,好人做到底,穿鞋就穿鞋吧!"于是,张良挺直身子跪在地上,小心地把鞋穿到了老人脚上。老人看着张良哈哈大笑,一句话没说,转身而去。老人奇怪的行为,使张良莫名其妙。谁知,过了一会儿,老人又回来了,说:"你在五天后天刚亮时,到这儿来等我。"张良对老人的行为虽然感到奇怪,但还是恭敬地跪下来说:"是!"

五天后,天刚蒙蒙亮,张良便急急忙忙向下邳桥赶去,谁知老人已早已等候在那里了。老人生气地说:"和老人相约,反而比老人晚到,这怎么能行呢?过五天你早点来等我!"说完就走了。又过了五天,天还未亮,张良便早早起了床,向下邳桥奔去。老人又已等候在那里了。老人大怒,说:"怎么又迟到了?过五天再早一点儿来!"又过了五天,张良想:"这次无论如何也不能迟到了。"于是,半夜时分便等候在桥头。过了一会儿,老人来了。张良急忙上前扶住老人,老人看到张良早早来了,露出了笑容,说:"年轻人就应该如此!"他拿出一卷书说:"这是一本世上少有的奇书,我一直找不到合适的年轻人来传授,现在我把它传给你!"

张良深深谢过老人,接过书一看,原来是《太公兵法》(辅佐周武王伐纣的姜太公的兵书)。回去以后,张良反复诵读、认真体会。后来,张良协助刘邦开创了汉朝,立了大功劳。刘邦称帝后,封他为留侯。

黄石公

中国古代教育智慧

祭祖仪式

二、国颂

【原文】

凡有地牧①民者，务在四时，守在仓廪。国多财，则远者来；地辟举，则民留处；仓廪实，则知礼节；衣食足，则知荣辱；上服度，则六亲固；四维张，则君令行。故省刑之要，在禁文巧②；守国之度，在饰四维；顺民之经，在明③鬼神、只④山川、敬宗庙、恭祖旧。不务天时，则财不生；不务地利，则仓廪不盈。野芜旷，则民乃菅⑤；上无量⑥，则民乃妄⑦。文巧不禁，则民乃淫⑧；不璋两原⑨，则刑乃繁。不明鬼神，则陋民不悟；不只山川，则威令不闻；不敬宗庙，则民乃上校⑩；不恭祖旧，则孝悌不备。四维不张，国乃灭亡。

【注释】

①牧：治理。

②文巧：文饰，奢侈。

③明：神灵，泛指祭神供神之物。

④只：通"祇"，祭祀。

⑤菅：惰怠。

⑥量：限量，限度。

⑦妄：不法，胡作非为。

⑧淫：放纵，恣肆。

⑨璋：通"障"，阻挡，拒绝。

⑩校：对抗，抗衡。

管子的教育智慧

【译文】

凡是一个国家的君主,必须要致力于四时农事,确保粮食储备。国家财力充足,远方的人们就能自动迁来;荒地开垦得好,本国的人民就能安心留住;粮食富裕,人们就知道礼节;衣食丰足,人们就懂得荣辱。君主的服用合乎法度,六亲就可以相安无事;四维发扬,君令就可以贯彻推行。因此,减少刑罚的关键,在于禁止奢侈;巩固国家的准则,在于整饬四维;教训人民的根本办法,则在于:尊敬鬼神、祭祀山川、敬重祖宗和宗亲故旧。不注意天时,财富就不能增长;不注意地利,粮食就不会充足。田野荒芜废弃,人民也将由此而惰怠;君主挥霍无度,则人民胡作妄为;不注意禁止奢侈,则人民放纵淫荡;不堵塞这两个根源,犯罪者就会大量增多。不尊鬼神,小民就不能感悟;不祭山川,威令就不能远播;不敬祖宗,老百姓就会犯上;不尊重宗亲故旧,孝悌就不完备。四维不发扬,国家就会灭亡。

【故事】

"先富后教"还是"先教后富"

到底是"先富后教"还是"先教后富"?在中国传统儒家观点看来,道德教化虽然更为

殷墟宗庙遗址

中国古代教育智慧

汉高祖

汉高祖刘邦（前256年—前195年），字季，沛县丰邑人，公元前202年称帝，国号汉，建都长安，史称西汉。公元前195年，崩于长安，五月葬于长陵，庙号"高皇帝"，谥号"高祖"，史称"汉高祖"或"汉高帝"。

重要，但也必须要以经济条件为前提，即孔子所谓的"先富后教"以及孟子所谓的"有恒产者有恒心，无恒产者无恒心"。

先富后教，前有圣人之训，后有盛世之例。汉朝立国之初，民生凋敝、经济萧条，汉高祖为此实行了休养生息的政策。经过较长时间的发展以后，终于形成了"文景之治"的盛世局面。在此基础上，武帝开始罢黜百家独尊儒术，于是经学研究日炽、博学鸿儒辈出，一代泱泱汉风蔚然而起。唐代的"贞观之治"也是如此，统治者们先施黄老，使民休养，然后再发展科举制度。国力的强盛与经济的繁荣，不仅为文化的发展创造了极为有利的环境，而且造就了唐代士人积极向上的进取精神与开阔恢宏的胸怀气度，从而极大丰富了文学的创造力，开创了被后世一再称道的盛唐气象。古代历史上的太平盛世无不遵循"先富后教"，它的好处就在于从根本入手。所谓根本，就是"制民之产"。若百姓上不足以赡养父母、下不足以抚养妻儿，成天为吃穿、生存发愁，那谁有工夫学习文化礼义呢？

但是，先富后教也有它偏激的一面。尤其是在当今以知识为基础的社会中，知识不仅成为影响经济的主要因素，而且广泛而深刻地影响着社会的各个方面。在这种情况下，如果教育不能得到广泛普及，那么要想在短期内实现国富民强的愿景就是一句空话。"二战"后的日本之所以能够迅速崛起，归根结底是得益于重视教育和重视人才的培养。日本前文部大臣荒木万夫就曾指出:"从明治以来,一直到今天,我国社会和经济的发展,特别是战后经济的发展非常惊人,为世界所重视,造成此情况的重要原因,可归结为教育的普及和发展。"

由此可见,发展教育与发展经济二者不可偏颇。只有"两手一起抓,两手都要硬",国家才能真正走上富强之路。

管子的教育智慧

唐太宗

李世民(599年—649年),为唐代第二位君主,高祖李渊之次子。武德九年六月(626年)发动"玄武门之变",八月唐高祖李渊禅位,李世民登基,是为唐太宗,次年改元贞观。其在位期间任用贤能,从善如流,闻过即改,视民如子,不分华夷,开创了"贞观之治"。贞观二十三年(649年)唐太宗病死。同年八月,葬于昭陵

中国古代教育智慧

关羽

关羽（？—220年），字云长，本字长生，并州河东解县（今山西省运城市）人。东汉末年刘备麾下的著名将领，前将军，官拜汉寿亭侯。谥曰"壮缪侯"。以其"义"为民间所推崇，又经历代朝廷褒封，被人奉为关圣帝君，佛教称为伽蓝菩萨，尊称为"关公"。被后来的统治者崇为"武圣"，与"文圣"孔子齐名。

三、四维

【原文】

国有四维，一维绝则倾①，二维绝则危②，三维绝则覆③，四维绝则灭④。倾可正也，危可安也，覆可起也，灭不可复错⑤也。何谓四维？一曰礼，二曰义，三曰廉，四曰耻。礼不逾节，义不自进，廉不蔽⑥恶，耻不从枉⑦。故不逾节⑧，则上位安；不自进，则民无巧诈；不蔽恶，则行自全⑨；不从枉，则邪事⑩不生。

【注释】

①倾：倾斜，歪斜。

②危：危险，危害。

③覆：颠覆，灭亡。

④灭：消灭，灭亡。

⑤错：收拾。

⑥蔽：掩饰。

⑦枉：邪恶不正的人。

⑧节：礼节，规矩。

⑨全：端正。

⑩邪事：邪恶、邪乱的事情。

【译文】

国有四维，缺了一维，国家就会倾斜；缺了两维，国家就很危险；缺了三维，国家就将颠覆；缺了四维，国家就会灭亡。倾斜可以扶正，危险可以挽救，倾覆可以再起，但灭亡了，那就不可收拾了。什么是四维呢？一是礼，二是义,三是廉,四是耻。有礼,人们就不会超越应守的规范;有义,就不会妄自求进;有廉,就不会掩饰过错;有耻,就不会趋从于坏人。人们不越出应守的规范,为君者的地位就会安定;不妄自求进,人们就不巧谋欺诈;不掩饰过错,行为就自然端正;不趋从于坏人,邪乱的事情也就不会发生了。

【故事】

冯谖买义

孟尝君的父亲田婴是齐威王的儿子、齐宣王的弟弟。田婴为齐相十一年,共有四十多个儿子,孟尝君的母亲只是田婴的一个妾,地位不高。孟尝君本名田文(孟尝君是他的谥号),幼时即显露出与众不同的机智。长大后逐渐掌管家事,广纳能人,声名渐显,成为"战国四公子"之一。

孟尝君的门客冯谖,祖籍魏城。为人机智,工于心计,恃才傲物。他早年丧父,与母亲相依为命,虽贫寒而志不移,为人孤傲,后为生计寄食于孟尝君门下。他们第一次见面时,孟尝君询问冯谖有什么爱好及特长。与多数夸夸其谈的食客不同,冯谖淡然地说没有什么喜好,也没有什么才能。孟尝君素以慷慨著称,大笑之余还是收留了他。其他门客却因此有些轻视冯谖,可他却依旧我行我素。

不久,冯谖觉得孟尝君给自己的伙食很差,于是便靠着柱子弹击着自己的剑把,唱

齐威王

齐威王(?—前320年),战国时期齐国国君。妫姓,田氏,名因齐,田齐桓公田午之子。公元前356年即位,在位三十六年。以善于纳谏用能、立志图强而名著史册。

中国古代教育智慧

孟尝君

"战国四公子"之一，齐国宗室大臣。孟尝君姓田名文。田文的父亲是靖郭君田婴。田婴死后，田文继位于薛，也就是后来的孟尝君，以广招宾客、食客三千而闻名。

道："长铗归来乎！食无鱼。"侍者将此事禀告给了孟尝君，孟尝君说："给他吃鱼，待遇按中等门客标准。"不久冯谖又弹铗而歌："长铗归来乎！出无车。"左右都笑他不知足，侍者如实报告给了孟尝君。孟尝君说："那就给他配车，按上等门客的规格待遇。"又过了一段时间，冯谖再次敲起剑把："长铗归来乎！无以为家。"周围的人都很讨厌他，认为他是一个贪得无厌、不知自重的人。可孟尝君却颇有度量，派专人为冯谖老母送去了衣食。从此，冯谖不再发牢骚了。

又过了许久，孟尝君想从门下宾客中挑选懂会计的人代他到薛邑（孟尝君的封土）收债，冯谖主动申请说自己愿意前往。孟尝君很高兴，便同意了。冯谖收拾妥当之后，向孟尝君辞行，并请示道："收完债，您需要买些什么东西吗？"孟尝君顺口答道："先生看我家里缺什么，就买些什么吧！"

冯谖驱车来到薛邑，派人把所有负债之人都召集到一起，核对完账目后，他便假传孟尝君的命令，把所有的债款赏给负债诸人，并当面烧掉了债券，百姓感激，都高声欢呼。

冯谖随即返回，一大早便去求见孟尝君，孟尝君没料到他回来得这么快，半信半疑地问："债都收完了吗？"冯谖答："收完了。""那你给我买了些什么回来呢？"孟尝君又问。冯谖不慌不忙地答道："您让我看家里缺少什么就买什么，我考虑到您有用不完的珍宝、数不清的牛马牲畜，美女也站满了庭院，缺少的只有'义'，因此我为您买'义'回来了。"孟尝君不知所云，忙问"买义"是什么意思。冯谖就把以债款赐给薛民的事说了，并补充说："您以薛为封邑，却对那里的百姓像商人一样盘剥刻薄，我假传您的命令，免除了他们所有的欠债，并把债券都烧了。"孟尝君听罢心里很不高兴，但也只能悻悻地说："那算了吧！"

一年后，孟尝君由于失宠而被新即位的齐王赶出了国都，只好返回薛邑。往日的门客都各自逃散了，只有冯谖还跟着他。当车子距薛邑还有上百里远时，薛邑的百姓早就扶老携幼，夹道相迎。孟尝君好生感慨，回头对冯谖说："先生您为我所买的'义'，今天终于看见了！"冯谖却说："狡兔有三窟仅能幸免而已，您现在只有一条退路还不能忘忧，让我再为您凿两窟。"

在冯谖的活动下，秦、魏等国虚位以待，以重金厚礼聘孟尝君做相国，齐王听说后，追悔不已，连忙赐物谢罪，恢复了孟尝君的相位。冯谖让孟尝君乘机请求齐王赐先王礼器并在薛地建立宗庙。等一切就绪后，冯谖向孟尝君说："三个洞穴都已凿成，您姑且高枕而卧，过安乐的日子吧！"

孟尝君后来又做了几十年相国，没有丝毫的闪失，全是仗着冯谖的计谋。"狡兔三窟""高枕无忧"等成语，正是由此而来。

管子的教育智慧

冯谖买"义"

冯谖，战国时齐人，是薛国（今滕州市）国君孟尝君门下的食客之一，为战国时期一位高瞻远瞩、颇具深远眼光的战略家。通过"薛国市义"、营造"三窟"等活动，冯谖为孟尝君立下了汗马功劳，使其政治事业久盛不衰。

古代刑罚图

四、四顺

【原文】

政之所兴，在顺民心；政之所废，在逆民心。民恶忧劳，我佚乐①之；民恶贫贱，我富贵之；民恶危坠②，我存安之；民恶灭绝，我生育之。能佚乐之，则民为之忧劳；能富贵之，则民为之贫贱；能存安之，则民为之危坠；能生育之，则民为之灭绝。故刑罚不足以畏其意③，杀戮不足以服其心。故刑罚繁而意不恐，则令不行矣；杀戮众而心不服，则上位危矣。故从其四欲，则远者自亲；行其四恶，则近者叛之。故知予之为取者，政之宝也。

【注释】

①佚乐：放逸游乐。

②危坠：危亡。

③意：心志，心意。

【译文】

政令之所以能推行，在于顺应民心；政令之所以废弛，在于违背民心。人民怕忧劳，我便使他安乐；人民怕贫贱，我便使他富贵；人民怕危难，我便使他安定；人民怕灭绝，我便使他生育繁息。因为我能使人民安乐，他们就可以为我承受忧劳；我能使人民富贵，他们就可以为我忍受贫贱；我能使人民安定，他们就可以为我承担危难；我能使人民生育繁息，他们也就不惜为我而牺牲了。单靠刑罚不足以使人民真正害怕，仅凭杀戮不足以使人民心悦诚服。刑罚繁重而人心不惧，法令就无法推行了；杀戮繁多而人心不服，为君者的地位就危险了。因此，满足上述四种人民的愿望，疏远的自会亲近；强行实施上述四种人民厌恶的行为，亲近的也会叛离。由此可知，"予之于民就是取之于民"这个原则，是治国的法宝。

【故事】

暴力不敌仁爱

以暴治国还是以仁治国，一直以来都是历代帝王们思考的问题。从短期而言，暴力的威力可能会大于仁爱，因为它的残酷、猛烈足以使人战战兢兢。但从长期来看，仁爱的力量必然大过暴力，因为它的温情、体慰足以感化人心。历史上的暴君如商纣王、秦始皇、隋炀帝等哪一个不是最终落得个民反朝灭的下场？历史证明了仁爱必然会胜于暴力。

商朝就是以暴政输给以仁政著称的周朝的，这是众所周知的事情。商代最后一个帝王纣王是个极其残暴的人，他荒废同事、欺压百姓，引起了极大的不满后，不思改过却以烙刑镇压人民、设炮烙以惩叛逆。炮烙之刑，就是用炭火把中空的铜柱子烧红，然后叫被残杀之人在上面爬行，烙得皮焦肉糊而死，而如果掉下来就会被熊熊燃烧的炭火活活烧死。

据说，他为了观察正在成长的胎儿，竟残忍地让人剖开孕妇的肚子。纣王这样荒淫残

商纣王

商纣，商朝最后一任君王。名辛，史称为纣王。曾平定东夷，使中原文化逐渐传播到长江、淮河流域，奠定了中国统一的规模。然其拒谏饰非、耽于酒色、暴敛重刑，导致民怨四起。周武王东伐至盟津，诸侯叛商者八百；战于牧野，纣军败，自焚于鹿台。

中国古代教育智慧

商纣王

暴,经常会有人劝阻他,但他总是不听。纣王的叔叔比干好言规劝他悬崖勒马,他居然命人杀死了比干,剖开其肚子,取出其心脏来观赏。纣王这样残暴,吓得谁也不敢再规劝他了。大臣们有的装病不上朝,有的虽上朝但一言不发。一些大臣甚至偷偷地拿起商朝太庙里的祭器、乐器来,投奔了周武王。

纣王对大臣们尚且这样残暴,对待老百姓就更加肆无忌惮了。他要造鹿台,就强迫老百姓去服劳役;他要喝酒,就随意把老百姓的口粮夺去酿酒;他要吃肉,就迫使老百姓没日没夜地到深山密林去猎取野兽;他的爱姬妲己喜欢看杀人,他就随便地把老百姓拉去砍头、剁足、剖肚子。因此,许多诸侯对纣王是又怕又恨,渐生离心,百姓们更是对他恨之入骨。

诸侯之一的西伯姬昌无法忍受纣王的残暴,于是暗地里为灭商做着积极的准备。他礼贤下士、广罗人才,身边集中着诸如姜子牙等能人贤士辅佐政事。对内,他勤于政事,重视发展农业生产,关心百姓生活疾苦;对外,他争取余国,成功地调解了虞、芮两国的争出纠纷,使河东小国纷纷前来归附。在姬昌实施的仁政下,周国的实力日益壮大,最后姬昌之子姬发一举消灭商朝,建立了周朝。

史实告诉了我们这样一个道理:在国家的统治、人与人的相处中,仁爱的力量总是大于暴力的蛮力。暴力固然能让人一时畏惧,但也会激起人反抗的欲望;而仁爱则如春风化雨,在"润物细无声"的轻柔与温情之中牢牢地收服人心。人心是柔韧的,因而会选择更接近了它本性的东西。我们要相信,无论是朋友间的交往还是父子间的相处,乃至是在上下级的关系中,爱的感化力量都远胜于暴力。

管子的教育智慧

周武王

周武王姬发(?—前1043年),周文王姬昌的次子。他继承父亲遗志,于公元前十一世纪消灭殷商王朝,建立了西周王朝,表现出了卓越的军事、政治才能,成为中国历史上的一代名君。

中国古代教育智慧

季札挂剑

季札带宝剑经过徐国，徐国的国君脸上的表情显示着很想得到这把剑。因为还要佩戴宝剑出使中原各国，季札没将宝剑献给徐君，但心里已经决定，回程时一定要将宝剑献给徐君。但出使各国后路过徐国时，徐君却已经去世。可是，季札还是要解下宝剑赠给徐国的嗣君。于是，季札把剑挂在徐君墓地的树上，行礼之后，便踏上了归国之路。

五、十一经

【原文】

错①国于不倾之地，积于不涸之仓，藏于不竭之府，下令于流水之原，使民于不争之官，明②必死之路，开必得之门。不为不可成，不求不可得，不处不可久，不行不可复。错国于不倾之地者，授有德③也；积于不涸之仓者，务五谷也；藏于不竭之府者，养桑麻育六畜也；下令于流水之原者，令顺民心也；使民于不争之官者，使各为其所长也；明必死之路者，严刑罚也；开必得之门者，信④庆赏也；不为不可成者，量民力也；不求不可得者，不强民以其所恶也；不处不可久者，不偷取一世也；不行不可复者，不欺其民也。故授有德，则国安；务五谷，则食足；养桑麻、育六畜，则民富；令顺民心，则威令行；使民各为其所长，则用备；严刑罚，则民远邪；信庆赏，则民轻难；量民力，则事无不成；不强民以其所恶，则诈伪⑤不生；不偷取一世，则民无怨心；不欺其民，则下亲⑥其上。

【注释】

①错：建立。
②明：指明，指出。
③有德：指有德行的人。
④信：诚信。

⑤诈伪：弄虚作假，伪装假冒。
⑥亲：亲近，接近。

【译文】

把国家建立在稳固的基础上，把粮食积存在取之不尽的粮仓里，把财货储藏在用之不竭的府库里，把政令下达在流水源头上，把人民使用在无所争议的岗位上，向人们指出犯罪必死的道路，向人们敞开立功必赏的大门。不强干办不到的事，不追求得不到的利，不可立足于难得持久的地位，不去做不可再行的事情。所谓把国家建立在稳固的基础上，就是把政权交给有道德的人。所谓把粮食积存在取之不尽的粮仓里，就是要努力从事粮食生产。所谓把财富储藏在用之不竭的府库里，就是要种植桑麻、饲养六畜。所谓把政令下达在流水源头上，就是要令顺民心。所谓把人民使用在无所争议的岗位上，就是要尽其所长。所谓向人民指出犯罪必死的道路，就是刑罚要严厉。所谓向人民敞开立功必赏的大门，就是奖赏信实。所谓不强干办不到的事，就是要度量民力。所谓不追求得不到的利，就是不强迫人民去做他们厌恶的事情。所谓不可立足于难得持久的地位，就是不贪图一时的侥幸。所谓不去做不可再行的事情，就是不欺骗人民。这样，把政权交给有道德的人，国家就能安定。努力从事粮食生产，民食就会充足。种植桑麻、饲养六畜，人民就可以富裕。能做到令顺民心，威令就可以贯彻。使人民各尽所长，用品就能齐

清·闵贞《采桑图》

中国古代教育智慧

秦孝公

秦孝公（前381年—前338年），战国时秦国国君。嬴姓，名渠梁，秦献公之子。秦孝公即位之初就求贤招兵、广招人才，命群臣献富国强兵之策。公元前359年，他重用卫人公孙鞅（即商鞅）实行变法，奖励耕战，使国势日渐强盛。公元前350年，秦孝公迁都至咸阳（今陕西咸阳东北），进一步进行变法，建立县制行政，开阡陌，在加强中央集权的同时不断增进农业生产。对外，秦与楚和亲，与韩订约，联齐、赵攻魏安邑（今山西夏县西北），拓地至洛水以东，自此国力日强，为秦统一中国奠定了基础。

备。刑罚严厉，人民就不去干坏事。奖赏信实，人民就不怕死难。量民力而行事，就可以事无不成。不强使人民干他们厌恶的事情，欺诈作假的行为就不会发生。不贪图一时的侥幸，人民就不会抱怨。不欺骗人民，人民就会拥戴君上。

【故事】

南门立信

在战国七雄中，秦国在政治、经济、文化各方面都比中原各诸侯国落后。邻近的魏国就比秦国强大，还从秦国夺去了河西的一大片地方。

公元前361年，秦国的新君秦孝公即位。他下决心发奋图强，首先是搜罗人才。他下了一道命令说："不论是秦国人或者外来的客人，谁要是能想办法使秦国富强起来的，就封他做官。"

秦孝公这样一号召，果然吸引来不少有才干的人。有一个卫国的贵族公孙鞅（就是后来的商鞅），在卫国得不到重用，跑到秦国，托人引见，得到了秦孝公的接见。

商鞅对秦孝公说："一个国家要富强，必须注意农业，奖励将士；要打算把国家治好，必须有赏有罚。有赏有罚，朝廷有了威信，一切改革也就容易进行了。"

秦孝公完全同意商鞅的主张，可是秦国的一些贵族和大臣却竭力反对。秦孝公一看反对

管子的教育智慧

的人这么多，自己又刚刚即位，怕闹出乱子来，就把改革的事暂时搁了下来。

过了两年，秦孝公的君位坐稳了，就拜商鞅为左庶长（秦国的官名），说："从今天起，改革制度的事全由左庶长拿主意。"

商鞅起草了一个改革的法令，但是怕老百姓不信任他，不按照新法令去做，就先叫人在都城的南门竖了一根三丈高的木头，下命令说："谁能把这根木头扛到北门去的，就赏十金。"

不一会儿，南门口围了一大堆人，大家议论纷纷。有的说："这根木头谁都拿得动，哪儿用得着赏十金？"有的说："这大概是左庶长成心开玩笑吧？"

大伙儿你瞧我，我瞧你，就是没有一个敢上去扛木头的。

商鞅知道老百姓还不相信他下的命令，就把赏金提到了五十金。没有想到赏金越高，看热闹的人越觉得不近情理，仍旧没人敢去扛。

正在大伙儿议论纷纷的时候，人群中有一个人跑出来说："我来试试。"他说着，真的把木头扛起来就走，一直搬到了北门。

商鞅立刻派人传出话来，赏给扛木头的人五十金，一分也没少。

这件事立即便传了开去，一下子轰动了秦国，老百姓都说：

"左庶长的命令不含糊。"

商鞅知道他的命令已经起了作用，就把

商鞅

商鞅（？—前338年），卫国（今河南安阳市）人。战国时期的政治家、思想家，著名法家代表人物。卫国国君的后裔，公孙氏，故称为卫鞅，又称公孙鞅，后封于商，后人称之为商鞅。应秦孝公求贤令入秦，说服秦孝公变法图强。执政十九年，秦国大治，史称商鞅变法。孝公死后，被贵族诬害，被车裂而死。

中国古代教育智慧

废井田，开阡陌

他起草的新法令公布了出去。新法令赏罚分明，规定官职的大小和爵位的高低以打仗立功为标准。贵族没有军功的就没有爵位；多生产粮食和布帛的，免除官差；凡是为了做买卖和因为懒惰而贫穷的，连同妻子儿女都要罚做官府的奴婢。

秦国自从商鞅变法以后，农业生产增加了，军事力量也强大了。不久，秦国进攻魏国的西部，从河西打到河东，把魏国的都城安邑也打了下来。

公元前350年，商鞅又实行了第二次改革，改革的主要内容是：

一、废井田，开阡陌（阡陌就是田间的大路）。秦国把这些宽阔的阡陌铲平，也种上庄稼，还把以前作为划分疆界用的土堆、荒地、树林、沟地等也开垦了起来。谁开垦的荒地，就归谁所有。土地可以买卖。

二、建立县的组织，把市镇和乡村合并起来，组织成县，由国家派官吏直接管理。这样，中央政权的权力便更集中了。

三、迁都咸阳。为了便于向东发展，把国都从原来的雍城（今陕西凤翔县）迁移到渭河北面的咸阳（今陕西咸阳市东北）。

这样大规模的改革，当然要引起激烈的斗争，许多贵族、大臣都反对新法。有一次，秦国的太子犯了法。商鞅对秦孝公说："国家的法令必须上下一律遵守，要是上头的人不能遵守,下面的人就不信任朝廷了。太子犯法,他的师傅应当受罚。"

结果,商鞅把太子的两个师傅公子虔和公孙贾都治了罪,一个割掉了鼻子,一个在脸上刺上了字。这样一来,一些贵族、大臣就都不敢触犯新法了。

这样过了十年,秦国果然越来越富强,周天子打发使者送祭肉来给秦孝公,封他为"方伯"(一方诸侯的首领),中原的诸侯国也纷纷向秦国道贺。而魏国则不得不割让河西土地,把国都迁到了大梁(今河南开封)。

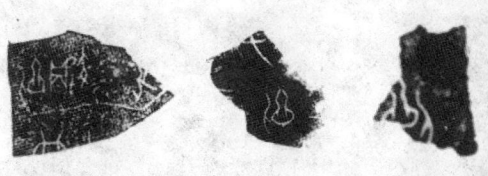

管子的教育智慧

古代记载劓刑的甲骨文

中国古代教育智慧

楚王好细腰

《墨子》有则寓言,说"楚王好细腰,官中多饿死"。讲的是楚灵王喜欢苗条腰细的官女,于是众官女为了得到楚灵王的宠爱而纷纷节食,结果饿死不少人。这则寓言告诉我们,上有所好,下必效焉。

六、六亲五法

【原文】

以家为①乡,乡不可为也;以乡为国,国不可为也;以国为天下,天下不可为也。以家为家,以乡为乡,以国为国,以天下为天下。毋曰不同生②,远者不听;毋曰不同乡,远者不行;毋曰不同国,远者不从。如地如天,何私何亲?如月如日,唯君之节!

御③民之辔④,在上之所贵;道⑤民之门,在上之所先;召民之路,在上之所好恶。故君求之,则臣得之;君嗜之,则臣食之;君好之,则臣服之;君恶之,则臣匿之。毋蔽汝恶,毋异汝度,贤者将不汝助。言室满室,言堂满堂,是谓圣王。城郭沟渠,不足以固守;兵甲强力,不足以应敌;博地多财,不足以有众。惟有道者,能备患于未形也,故祸不萌。

天下不患无臣,患无君以使之;天下不患无财,患无人以分之。故知时者,可立以为长;无私者,可置以为政;审于时而察于用,而能备官者,可奉以为君也。缓者,后于事;吝于财者,失所亲;信小人者,失士⑥。

【注释】

①为:治理。
②生:通"姓",姓氏。
③御:也作"驭",驾驭。
④辔:驾驭牲口的嚼子和缰绳。

⑤道：引导，疏导。

⑥士：对品德好、有学识、有技艺的人的美称。

【译文】

按照治家的要求治理乡，乡不能治好；按照治乡的要求治理国，国不能治好；按照治国的要求治理天下，天下不可能治好。应该按照治家的要求治家，按照治乡的要求治乡，按照治国的要求治国，按照治天下的要求治理天下。不要因为不同姓，就不听取外姓人的意见；不要因为不同乡，就不采纳外乡人的办法；诸侯国不要因为不同国，就不听从别国人的主张。像天地对待万物，没有什么偏私偏爱；像日月普照一切，才算得上君主的气度。

驾驭人民奔什么方向，看君主重视什么；引导人民走什么门路，看君主提倡什么；号召人民走什么途径，看君主的好恶是什么。君主追求的东西，臣下就想得到；君主爱吃的东西，臣下就想尝试；君主喜欢的事情，臣下就想实行；君主厌恶的事情，臣下就想规避。因此，不要掩饰你的过错，不要擅改你的法度。否则，贤者将无法对你帮助。在室内讲话，要使全室的人知道；在堂上讲话，要使满堂的人知道。这样开诚布公，才称得上是圣明的君主。单靠城郭沟渠，不一定能固守；仅有强大的武力和装备，不一定能御敌；地大物博，群众不一定就拥护。只有有道的君主，能做到防患于未然，才可避免灾祸的发生。

天下不怕没有能臣，怕的是没有君主去使

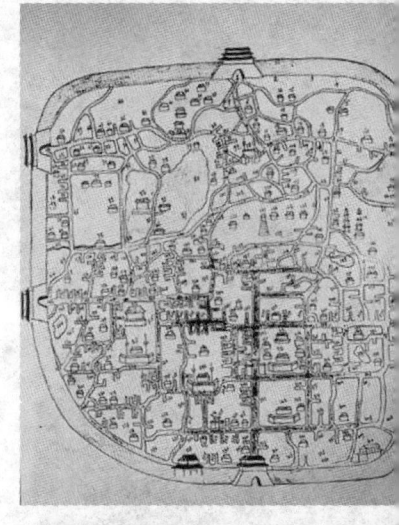

管子的教育智慧

古代城郭示意图

中国古代教育智慧

晏婴

晏婴（？—前500年），字平仲，今山东高密人，齐国上大夫晏弱之子。齐灵公二十六年（前556年）晏弱病死，晏婴继任为上大夫。历任齐灵公、庄公、景公三朝，是春秋后期一位重要的政治家、思想家、外交家。司马迁将其比为管仲，推崇备至，用"不辱使命，雄辩四方"八个字来形容他的外交活动。

用他们；天下不怕没有财货，怕的是无人去管理它们。所以，通晓天时的，可以任用为官长；没有私心的，可以安排做官吏；通晓天时，善于用财，而又能任用官吏的，就可以奉为君主了。处事迟钝的人，总是落后于形势；吝啬财物的人，总是无人亲近；偏信小人的人，总是会失掉贤能的人才。

【故事】

上有所好　下必效焉

春秋五霸之一的齐桓公喜欢紫色衣服，因此一国人都穿紫服，引起了齐国紫服价格的暴涨。齐桓公为此很是忧虑，就问管仲："现在紫服这样贵，该怎么办呢？"管仲说："《诗经》有言：'不躬不亲，庶民不信。'要想纠正这个风气，应该从自己开始不穿紫服，同时对周围的人说，我非常讨厌紫色衣服就行了。"齐桓公欣然接受，先自己不穿紫服。凡看见左右或来进见的官员中有穿紫服者，桓公就说："离远点，我讨厌紫服！"结果在当天，朝中就没有穿紫服的人了；第二天都城中便没有穿紫服的；第三天，一国百姓都没有穿紫服的人了。

无独有偶，同为齐国国君，齐景公自从宰相晏婴死了之后，一直没有人当面指责他的过失，因此心中感到很苦闷。有一天，齐景公欢宴文武百官，宴席散后，一起到广场上射箭取乐。每当齐景公射一支箭,即使没有射中,文武百官都是高声喝彩:"好呀!妙呀!""真是箭法如神,举世无双。"

事后,齐景公把这件事情对臣子弦章说了一番。弦章对景公说:"这件事情不能全怪那些臣子,古人有话说:'上行而后下效。'国王喜欢吃什么,群臣也就喜欢吃什么;国王喜欢穿什么,群臣也就喜欢穿什么;国王喜欢人家奉承,自然群臣也就常向大王奉承了。"

景公听了弦章的话,认为弦章的话很有道理,就派侍从赏给了弦章许多珍贵的东西。弦章看了摇摇头说:"那些奉承大王的人,正是为了要多得一点赏赐,如果我收了这些赏赐,岂不是也成了卑鄙的小人了!"他说什么也不接受这些珍贵的东西。

管子的教育智慧

齐景公殉马坑

中国古代教育智慧

朱元璋

朱元璋（1328年—1398年），原名重八，后改为兴宗。参加元末农民起义后改名为德裕，再改名为元璋，字国瑞。投在郭子兴门下后，朱元璋屡立战功，后成为了义军领袖。元顺帝至正二十八年（1368年），朱元璋即皇帝位，国号"明"，建元"洪武"，是为明太祖。

七、立政

【原文】

国之所以治乱者三，杀戮刑罚，不足用也。国之所以安危者四，城郭险阻，不足守也。国之所以富贫者五，轻税租，薄赋敛，不足恃①也。治国有三本，而安国有四固，而富国有五事。五事，五经也。

【注释】

①恃：依赖，依靠。

【译文】

国家之所以治或乱，取决于三个条件，只有杀戮刑罚是不够用的。国家之所以安或危，取决于四个条件，只靠城郭险阻是不能固守的。国家之所以贫或富，取决于五个条件，只用轻收租税、薄取赋敛的办法是靠不住的。这就是说，治理国家有"三本"，安定国家有"四固"，而富国则有"五事"——这五事乃是五项纲领性措施。

【故事】

明太祖重典惩贪

明朝开国皇帝朱元璋（1328年—1398年），年轻时讨过饭，当过和尚，亲眼见到过各地官吏贪赃枉法、欺压百姓，元朝朝廷放任不管，弄得民怨沸腾，到处有人揭竿而起。他深深懂得"官逼民反"的道理。明朝建国后不久，明太祖朱元璋想出了一个惩治贪官污吏的办法。他让各府、州、县在所在衙门的左边修了一座小庙，里面供奉有土地神。在衙门大堂公座的左边悬挂了一个人皮楦满草的袋子，叫"皮草囊"。这座小庙是扒贪官皮的场所，人们叫它"皮场庙"。

朱元璋像

用这种办法来惩治贪赃枉法的官吏，看起来有些残酷，但也说明了明太祖对贪官污吏的愤恨之情。他从元朝的灭亡中总结出了一条经验——"元朝因宽容放纵贪官污吏，把江山丢掉了，如今我得了天下，若不用严刑峻法便不足以矫正积弊！"他建国之后，多次严申惩治贪官之令，法令十分森严。法令规定官吏贪污八十贯钱（每贯一千文钱，约折银一两）的便要绞死示众，然后剥皮楦草，做成人形袋子，挂在当地衙门的公堂上，以儆效尤。明太祖还颁布了一道命令，允许乡里老人（里甲中负责民事纠纷的人）有参议政事的权力。如发现当地官吏有害民之处，可以到衙门去当面规劝。规劝不听，就上告朝廷，朝廷即捉拿审讯。

洪武四年（1371年），明太祖派人对全国的官吏进行考查，杀了一大批贪官污吏。洪武十八年（1385年）三月，发生了一起震动全国的"郭桓案"。郭桓在洪武十七年五月当户部尚书，在收缴浙西秋粮时，和地方官黄文通、奸吏边源等勾结，合伙贪污。郭桓利用自己是征收赋税最高主管官吏的有利条件，隐瞒

郭桓

了上述几桩大贪污罪行。他的胆子越来越大，手也越伸越长，竟然把军用粮库里的三年积蓄盗卖一空。当时全国除了京师应天外，总共有十三个布政使司（相当于现在的省），他利用职权和十二个布政使司的官吏勾结起来，盗卖仓库里的粮食。还和管理贮存金银钱钞的府库官员合伙偷盗金银和钱钞。如果把郭桓贪污盗窃的金银钱钞折成粮食，加上他合伙贪污的粮食七百万石，总共达二千四百余万石精粮，这个数宁和当时全国的秋粮实征总数几乎相等。

这个案子使明太祖大为震惊，更让他吃惊的是，在审案中又发现这个案子和户部侍郎胡益、王道亨、礼部尚书赵冒、兵部侍郎王忠、刑部尚书王惠迪、工部侍郎麦志德等以及整个六部上下的官员几乎都有联系。他像从睡梦中惊醒一样，突然发现朝廷大小官员都是些贪婪之徒，便狠了狠心，吐出了一个"杀"字，下令把赵冒、王惠迪、主犯郭桓以及六部左右侍郎以下的官员都杀了，江南不少富户也牵连被杀，总共杀了几万人。

然而最后，朱元璋仍无限感慨地说："我效法古人任用官吏，岂料刚刚提拔起他们时每一个人都忠诚且有原则，可时间一长，一个个全都又奸又贪。我只能严明法纪，予以惩处。结果，能够善始善终的没有多少……"

八、三本

商纣王

【原文】

君之所审者三：一曰：德不当①其位；二曰：功不当其禄；三曰：能不当其官。此三本者，治乱之原也。故国有德义未明于朝者，则不可加于尊位；功力未见于国者，则不可授与重禄；临事不信于民者，则不可使任大官。故德厚而位卑者，谓之过；德薄而位尊者，谓之失。宁过于君子，而毋失于小人。过于君子，其为怨浅；失于小人，其为祸深。是故，国有德义未明于朝而处尊位者，则良臣不进；有功力未见于国而有重禄者，则劳臣不劝②；有临事不信于民而任大官者，则材③臣不用。三本者审，则下不敢求；三本者不审，则邪臣上通而便辟④制威。如此，则明塞于上，而治壅⑤于下，正道捐弃⑥，而邪事日长。三本者审，则便辟无威于国，道涂无行禽⑦，疏远无蔽狱⑧，孤寡无隐治⑨。故曰：刑省治寡，朝不合众⑩。

【注释】

①当：对等，相称。

②劝：勉励。

③材：通"才"。才能，能力。

④便辟：指君主左右受宠幸的小臣。

⑤壅：阻塞，阻挡。

⑥捐弃：抛弃。

⑦行禽：指路上的囚徒。禽，囚徒。

中国古代教育智慧

诸葛亮

诸葛亮（181年—234年），字孔明，琅琊阳都（今山东省沂南县）人，三国时期蜀汉的重要大臣，中国历史上著名的政治家、军事家、散文家、发明家，也是中国传统文化中忠臣与智者的代表人物。诸葛亮在世时被封为武乡侯，死后谥为忠武侯，所以常被称为武侯、诸葛武侯。在著名的《出师表》中向其后主刘禅提出了"亲贤臣，远小人"的建议。

⑧蔽狱：冤狱。
⑨隐治：指无处申诉的冤案。
⑩合众：聚合众人，这里指群臣。

【译文】

君主需要审查的问题有三个：一是大臣的品德与地位相不相称，二是大臣的功劳与俸禄相不相称，三是大臣的能力与官职相不相称。这三个根本问题是国家治乱的根源。所以，在一个国家里，对于德义没有显著于朝廷的人，不可授予尊高的爵位；对于功业没有表现于全国的人，不可给予优厚的俸禄；对于主事没有取信于人民的人，就不能让他做大官。所以，德行深厚而授爵低微，叫作"有过"；德行浅薄而授爵尊高，叫作"有失"。宁可有过于君子，而不可有失于小人。因为，有过于君子，带来的怨恨浅；有失于小人，带来的祸乱深。因此，在一个国家里，如果有德义不显于朝廷而身居高位的人，贤良的大臣就得不到重用；如果有功劳不著于全国而享有重禄的人，勤奋的大臣就得不到鼓励；如果有主事并未取信于人民而做了大官的人，有才能的大臣就不会出力。只有把这三个根本问题审查清楚了，臣下才不敢妄求官禄。如果对这三个根本问题不加审查，奸臣就会与君主接近，君侧小臣就会专权。这样，在上面君主耳目闭塞，在下面政令不通，正道被抛弃，坏事就会一天天地多起来。若审查好这三个根本问题，君主左右那些受宠的小臣就不会专权，道路上看不到在押的犯人，与官方疏远的人们不受冤狱之害，孤寡无亲的人们也都没有不白之冤了。这就叫作刑罚减少，政务精简，甚至朝廷都无需召集群臣议事了。

【故事】

宁得罪君子　勿得罪小人

中国历史上的许多忠臣名将在殚智竭力、精忠报国、治理国家方面的确是小人所不及，但在拉帮结派、勾心斗角、大搞阴谋诡计、游戏官场方面也远不及"小人"。专制制度下的官僚体制缺乏适合他们生存的市场，有几个忠臣能够抵挡住奸臣的陷害呢？中国历史上这样的例子实在是太多了。"宁得罪君子，不得罪小人"说的就是这种情形。

唐朝名将郭子仪身为国家重臣，且又是皇帝的儿女亲家，却对当朝权臣卢杞敬畏三分。

一次，郭子仪正在生病，卢杞前来拜访。郭子仪听到门人的报告，马上命令左右姬妾都退到后堂去，他要独自等待。卢杞走后，姬妾侍女们又回到了病榻前问郭子仪："许多官员探望您的病情，您从来不让我们躲避，卢中承来为什么让我们都躲起来呢？"郭子仪微笑着说："你们有所不知，这位卢中承相貌极为丑陋而内心又十分阴险，你们看到他一定会忍不住发笑的，那么他一定会忌恨在心，如果将来此人掌权，我们的家就要遭殃了。"郭子仪不愧有识人之明，他看清了卢杞的阴险面目，

管子的教育智慧

郭子仪

郭子仪（697年781年），华州郑县（今陕西华县）人，唐代著名的军事家。"安史之乱"时任朔方节度使，在河北打败了史思明。联合回纥收复洛阳、长安两京，功居平乱之首，晋为中书令，封汾阳郡王。代宗时，叛将仆固怀恩引吐蕃、回纥进犯关中地区，郭子仪正确地采取了结盟回纥、打击吐蕃的策略，保卫了国家的安宁。他"权倾天下而朝不忌，功盖一代而主不疑"，在举国上下享有崇高的威望和声誉。

中国古代教育智慧

杨炎

杨炎（727年—781年），字公南，凤翔天兴人，别号小杨山人。德宗时，累拜门下侍郎，同中书门下平章事。作两税法，一变租庸调旧制。为卢杞所构，赐死。后诏复官，谥平厉。

虽然位极将相也不敢得罪他。果然，卢杞做上宰相后，打击报复了很多人，中国历史上的著名经济学家杨炎、大书法家颜真卿就是死于此人之手。而郭子仪的后人却能免于死难，这与郭子仪对待卢杞的态度是分不开的。

杨炎是唐德宗时的宰相，因为杨炎平时不愿与卢杞同桌吃饭，卢杞便怀恨在心。建中二年，藩镇割据势力梁崇义发动叛乱，德宗皇帝命淮西节度使李希烈平叛。杨炎认为李希烈为人凶狠无情，并且傲视朝廷、不守法度，担心起用李希烈会尾大不掉、养虎为患。这本是朝堂议政很正常的事，但卢杞却抓住不放，暗中给杨炎使坏。其时，正赶上天降大雨，李希烈一直没有出兵，卢杞便对德宗皇帝说："李希烈迟迟不出兵，是因为他听说杨炎反对他，心里不放心。陛下不如暂且先免了杨炎的宰相职位，待叛军平定后再重新起用吧。"德宗皇帝信以为真，遂罢去了杨炎的宰相职务。之后，卢杞又抓住杨炎在长安曲江池边为祖先建祠庙一事向德宗打"小报告"："那块地方有帝王之气，早年宰相萧嵩在那里建家庙，玄宗皇帝就令他迁走；现在杨炎又建，恐怕其志不小啊！"结果，德宗皇帝将杨炎贬至崖州，随后又杀了杨炎。

颜真卿，历史上著名的大书法家，也是唐代最为杰出的忠贞大臣。安禄山起兵叛乱时，河北二十余郡望风而降，唯有他以一座小小的平原郡城，孤军抵抗，誓不降贼，成为了抗击叛军的中流砥柱，赢得了唐玄宗极高的赞赏。此后，他历经唐肃宗、代宗和德宗数朝，官至太子太师，德高望重，天下景仰。然而，这样一位名震天下的颜真卿却对宰相卢杞一点儿办法也没有。

本来，颜、卢两家曾是世交，父辈曾携手并肩浴血沙场，为刎颈之交，但即使如此，卢杞在自己羽翼丰满之后却也容不下这样的老前辈。最初，卢杞想把颜真卿挤出朝廷，便问他："想安排你去外地任职，你看哪里对你比较合适？"

颜真卿在朝堂中当众回答说："我这个人由于性情耿直，一直被小人所憎恨，遭到贬斥流放也不是一次两次了。如今我老了，希望你能有所庇护。当年安禄山杀害了你的父亲，将首级传到我那里，以威胁我投降，我见到你父亲脸上的血迹，不敢用衣巾擦拭，而是用舌一一舔干净的，难道你还不能容下我吗？"

几句话说得卢杞脸色绯红，心中却更加痛恨了。不久，割据淮西的节度使李希烈起兵反叛朝廷，自称天下兵马都元帅，其势汹汹，很快便攻下了汝州，引起朝野很大的震动。德宗问卢杞如何平息叛乱，脸厚心黑到了极点的卢杞决心利用这个机会除掉颜真卿，便对德宗说："李希烈是个年轻的悍将，恃功傲慢，他的部下不敢阻止他。如果朝廷能派出一位儒雅的重臣向他宣示陛下的恩德，陈述逆顺祸福的道理，李希烈必然会革心悔过，这样就不必

唐德宗

德宗，名李适（742年—805年），唐代宗长子。代宗病死后即位。在位二十六年，因太子得哑病悲伤过度而死，葬于崇陵。

中国古代教育智慧

颜真卿

颜真卿（709年—785年），唐代杰出书法家，字清臣，琅琊孝悌里（今临沂市）人。他创立的"颜体"楷书与赵孟頫、柳公权、欧阳询并称为"楷书四大家"。

他一生历经四朝，肃宗时至凤翔授宪部尚书，迁御史大夫。代宗时官至吏部尚书、太子太师，封鲁郡公，人称"颜鲁公"。德宗兴元元年，淮西节度使李希烈叛乱，奸相卢杞趁机借李希烈之手杀害他，派其前往劝谕，最终被李希烈缢死。

大动干戈而将他收服了。颜真卿是四朝重臣，忠直刚强，名重海内，人人敬服，他去最为合适。"

表面上这番话说得冠冕堂皇，完全是为了迅速平叛，丝毫也没有陷害颜真卿之意。因而不辨忠奸的德宗皇帝完全听从了他的意见，朝中的有识之士却无不为之震惊。有人劝告颜真卿说："你这一去必然会遇害，最好暂且留下来，看一看朝廷会不会有新的平乱措施。"颜真卿慨然道："国君之命，怎么能够不从？"还有人甚至上书朝廷说："让一位元老重臣去送死，这是国家的耻辱！请将颜真卿留下来吧！"

颜真卿义无反顾，受命即行。到了李希烈那里以后，李希烈使出各种手段，用尽威逼利诱之能事。时而派出一千多名士兵，拔出匕首，围着颜真卿张牙舞爪，似乎要将他一刀一刀地割碎生吃；时而又在颜真卿住的馆舍挖个大坑，声言要将他活埋；时而又架起干柴，浇上油，点燃起熊熊烈焰，威胁要烧死他；时而又劝他拥戴自己为天子，并许愿封他为宰相。对这一切颜真卿均不为所动，大义凛然，英勇就义。

九、四固

【原文】

君之所慎者四：一曰：大德不至仁，不可以授国柄。二曰：见贤不能让，不可与尊位。三曰：罚避亲贵，不可使主①兵。四曰：不好本事②，不务地利，而轻赋敛，不可与都邑。此四务者，安危之本也。故曰：卿相不得众，国之危也；大臣不和同，国之危也；兵主不足畏，国之危也；民不怀③其产，国之危也。故大德至仁，则操国得众；见贤能让，则大臣和同；罚不避亲贵，则威行于邻敌；好本事，务地利，重赋敛，则民怀其产。

【注释】

①主：主持，掌管。
②本事：这里指农业。古代以农为本。
③怀：怀念，留恋。

【译文】

君主要谨慎对待的问题有四个：一是对于提倡道德而不真正做到仁的人，不可以授予国家大权；二是对于见到贤能而不让的人，不可以授予尊高爵位；三是对于掌握刑罚而躲避亲贵的人，不可以让他统率军队；四是对于那种不重视农业、不注重地利而轻易课取赋税的人，不可以让他做都邑的官。这四条巩固国家的原则是国家安危的根本。应该说，卿相得不到众人的拥护，是国家的危险；大臣不协力同

管子的教育智慧

《采薇图》

这是一幅历史题材的绘画作品，是以殷末伯夷、叔齐"不食周粟"的故事为题而画的。

李唐所画的《采薇图》，即着力刻画了古代这两个宁死也不愿失去气节的人物。图中描绘伯夷、叔齐对坐在悬崖峭壁间的一块坡地上，伯夷双手抱膝，目光炯然，显得坚定沉着；叔齐则上身前倾，表示愿意相随。伯夷、叔齐均面容清癯、身体瘦弱，肉体上由于生活在野外和以野菜充饥而受到极大的折磨，但是在精神上却丝毫没有被困苦所压倒。

中国古代教育智慧

周勃

周勃（？—前169年），秦末汉初的军事家和政治家、西汉开国功臣，沛县（今江苏沛县）人，汉高祖封为绛侯。

汉初定，各诸侯王的反叛不绝，周勃成为了汉初平乱的主将。在刘氏政权岌岌可危时与陈平联合，派兵助刘诛杀诸吕，与诸大臣共立文帝。文帝十一年（前169年）卒，谥武侯。

心，是国家的危险；军中统帅不足以令人畏惧，是国家的危险；人民不怀恋自己的田产，是国家的危险。因此，只有提倡道德而能真正做到仁，才可以胜任国事而众人拥护；只有见到贤能就进行推让，才能使大臣们协力同心；只有掌握刑罚不避亲贵，才能够威震邻敌；只有重视农业、注重地利而不轻易课税才能使人民怀恋自己的田产。

【故事】

"细柳整军"周亚夫

千百年来，"细柳整军"作为中国历史上治军的佳话，一直是脍炙人口、广为传颂。这一故事的主角，就是我围西汉初年的一代名将周亚夫。周亚夫是汉初开国功臣绛侯周勃之子。他受家庭的熏陶，自幼习读兵书、谙熟韬略。长大后，即效命于朝廷，公元前161年被封为条侯。

公元前158年冬，匈奴大举内犯，烽火直达甘泉（今陕西淳化西北），京师长安（今陕西西安西北）也面临着匈奴的威胁。汉文帝除发兵赴边抗御外，又派出三支军队驻扎在长安城外，以拱卫长安，即以河内太守周亚夫为将军，屯兵细柳（今陕西咸阳西南）；以宗正刘礼为将军，屯兵霸上（今陕西西安东）；以祝兹侯徐厉为将军，屯兵棘门（今陕西咸阳东北）。

周亚夫上任之后，感到要击退剽悍善战

的匈奴骑兵，必须要严整军备，首先使士兵树立起"无日不战"的思想，以及听到命令就能投入作战的高度战备观念。为此，他从严治军，规定在值勤和训练时，士兵必须身披铠甲，手持兵器，严阵以待，以便一旦有警，即可挥戈上阵。同时，严明军纪，统一指挥，规定令行禁止，任何人不得违抗。

一次，文帝亲自去这三支军队慰劳官兵，激励士气。文帝先到霸上和棘门，未遇任何阻拦，直驱而入营中，两营主将刘礼、徐厉等亲自迎送，殷勤备至。

随后，汉文帝一行来到细柳，只见营门紧闭，将士们头戴头盔，身穿铠甲，剑拔弩张，壁垒森严，一片临战的气氛。文帝的导驾官见状，即高声喊叫："天子驾到！"喝令开门。但守卫军门的军官却不为所动，朗声回答："周将军有令：军中只听从将军的命令，不尊奉天子的诏书。"文帝只得派遣使者，手持皇帝的印信进营告诉周亚夫，皇上想进入军营慰劳将士。周亚夫这才传令打开营门接驾。文帝的车队进入营门后，守门军士即告诫文帝随从说：周将军有令，为保持军中肃静，营里不得纵马驱驰。文帝的车队只得缓辔徐行。来到中军帐前，周亚夫戎装佩剑，从容出迎，拱手一揖，沉着地请示："臣作为陛下任命的将领，身穿军服，佩戴盔甲，不宜跪拜，请允许我按照军礼拜见皇上。"文帝一见这等肃穆的场面，即按军礼的规定，俯身手扶车前横木，

一代名将周亚夫

周亚夫（？—前143年），沛县人，名将绛侯周勃的次子。景帝三年（前154年），吴、楚等七国叛乱，景帝任命其代理太尉率兵东进，三个月即平定七国之乱。之后，被正式任命为太尉，公元前150年升为丞相。后因在太子刘荣废立和皇后兄王信封侯的问题上同景帝意见不一致，加上梁王在窦太后面前的不断攻击而逐渐失宠，后绝食于狱中。

中国古代教育智慧

汉文帝

汉文帝刘恒（前202年—前157年），汉朝的第三位皇帝，谥号"孝文帝"。在位期间，继续执行与民休息和轻徭薄赋的政策，使得他在位的二十三年成为汉朝从国家初定走向繁荣昌盛的过渡时期，奠定了"文景之治"的基础。后葬于灞陵，庙号太宗。

以示对周亚夫的敬意，并派随从向亚夫致礼："皇帝敬劳将军。"礼毕之后即起驾回宫。

众所周知，在封建社会，皇帝的权威至高无上，皇帝的言行谁也不得违抗。可是，周亚夫在皇帝面前却能一切按军法从事。这种严守军纪、刚正不阿、敢作敢为的作风，比起过去严格执法的司马穰苴来也毫无逊色。因此，司马迁赞扬说："亚夫之用兵，持威重，执坚刃，穰苴曷有加焉！"

周亚夫很幸运，他碰上了一位贤明的皇帝。在视察完后回京的途中，随驾的群臣埋怨周亚夫目中无人，竟敢阻挡皇上的车驾。文帝却十分开明，对周亚夫赞不绝口："这才是真将军啊！如果都像霸上、棘门军那样，如同儿戏，敌人一来岂不都成了俘虏！"由此，周亚夫治军严整的美名传遍了天下。

汉文帝不仅没有责怪周亚夫不敬，反而通过这件事认识到周亚夫是一位可以担负重任的将领。因此，在病危临终之时，他告诉太子（即景帝）说：国家一旦遇到危难，即可让周亚夫统率军队，稳定大局。景帝即位后，遂拜周亚夫为车骑将军。历史证明，汉文帝的确是独具慧眼。周亚夫也没有辜负文帝的厚望，在后来事关社稷安危的平定吴楚之乱中发挥了关键性作用。

刘邦建国之初，大封同姓子弟为王，以共保刘家天下。每一个诸侯王国都"跨州兼郡，连城数十"，逐渐发展为强大的割据势力，严重威胁着中央政权的稳定。文帝曾采取过一些削弱诸侯王的措施,但并未从根本上解决问题。景帝采纳御史大夫晁错的建议,大削诸侯王的封地,导致矛盾激化。公元前154年正月,以吴王刘濞为首的吴、楚、赵、济南、淄川、胶东、胶西等七国发动叛乱,并与匈奴、南越相勾结,大有一举吞灭西汉王朝之势。

吴王刘濞自广陵(今江苏扬州)亲率二十多万军队,西渡淮河,会合楚军,妄图一举攻下地处中原的战略要地荥阳(今河南荥阳东北)和附近的粮仓,然后与其他叛军会合,进兵关中,直捣都城长安。

叛乱的消息传来,举朝震恐。景帝惊慌失措,先杀了晁错,并答应退还诸侯王封地,以求息事宁人,但七国仍不肯罢兵。景帝一见姑息无效,不得已决定以武力平叛,任命周亚夫为太尉,率三十六名将军出关平叛。

周亚夫受命之后,认真分析了形势,在知彼知己的基础上,向景帝提出了一个切实可行的战略方案。他说:"楚兵骠轻,难与争锋。愿以梁委之,绝其粮道,乃可制。"这个方案的实质就是后发制人,即先置梁国于不顾,疲敌困敌,断敌粮道,而后相机破敌。执行这个方针的困难就在于梁王刘武是景帝的同母兄弟、窦太后的爱子,一旦梁国被敌攻陷,不仅周亚夫吃罪不起,景帝也无法向窦太后交代。

战略方针确定后,周亚夫即坚定不移地贯彻执行。他采纳谋士的建议,绕开叛军设伏

管子的教育智慧

晁错

晁错(前200年—前154年),颍川(今河南禹州)人。汉文帝时为太子家令,有辩才,号称"智囊"。汉景帝时为内史,后升迁至御史大夫。曾多次上书主张加强中央集权、削减诸侯封地、重农贵粟。吴、楚等七国叛乱时,他被景帝错杀。

中国古代教育智慧

汉景帝

汉景帝刘启（前188年—前141年），在位十六年，在西汉历史上占有重要地位，他继承和发展了其父汉文帝的事业，与父亲一起开创了"文景之治"；又为儿子刘彻的"汉武盛世"奠定了基础，完成了从文帝到武帝的过渡。卒于景帝后三年（前141年），终年四十八岁，谥号"孝景皇帝"，安葬于阳陵。

的崤函（今陕西潼关至河南新安一带），出敌意外，出武关（今陕西丹凤东南）直奔洛阳（今河南洛阳东），有如从天而降。继而会师荥阳，牢牢控制住了关东最重要的战略基地。然后亲率重兵进据昌邑（今山东巨野南），切断叛了军主力——吴楚联军同齐地各国叛军的联系，并派出轻骑兵袭占淮泗口（今江苏洪泽西），断敌粮道。

这时，吴楚联军三十万之众向梁都睢阳（今河南商丘南）发起猛攻，睢阳形势危急，梁王频频呼救，而周亚夫却按兵不动。梁王上书于朝廷，景帝迫于太后压力只得下诏令命周亚夫救梁，但周亚夫拒不奉诏。梁王一见后援断绝，只好全力固守，最终阻止了叛军的攻击。叛军久攻睢阳不下，转锋向昌邑，企图寻汉军决战，周亚夫坚守不出。吴楚叛军为饥饿所迫，急于求战，采用声东击西的战法，猛攻汉营的东南，准备出其不意攻击汉军西北。周亚夫识破了叛军的计谋，急令严备于西北；叛军果然以精兵进攻西北，因汉军有备而未能得手。叛军求战不得，久持无粮，军心发生动摇，刘濞不得不下令撤兵。周亚夫乘势出击，一举破敌，斩首十万，余皆溃降。刘濞仅率数千人逃至丹徒（今江苏镇江东南），随即被东越人诱杀。接着，汉军一一诛灭了各叛乱诸侯王。前后仅用了三个月时间，周亚夫就悉数平定了七国之乱，使西汉王朝转危为安。平定叛乱不仅维护了国家的统一，而且也为后来的强大奠定了基础。

在此战中，周亚夫知彼知己、多谋善断，制定了一套比较符合实际的作战指导方针。一场声势浩大的叛乱能在三个月内平定下来，与他的正确指挥密不可分。在战争尚在进行时，朝中大臣和军中将领对他采取的对策有不少争议，但在战争结束后大家都心悦诚服，"于是诸将乃以太尉计谋为是"了。

平定吴楚之乱后，周亚夫继任太尉，后改任丞相。由于刚直不阿、不愿阿谀逢迎，同皇帝的矛盾逐渐尖锐了起来。景帝担心将来太子即位后难以驾驭周亚夫，便开始想方设法寻找机会整治周亚夫。公元前143年，周亚夫之子私买工官五百具甲盾作葬品，触犯了禁令，景帝借机将周亚夫下狱。主持审讯的廷尉秉承上意，诬告周亚夫谋反。周亚夫申诉称："臣所买器具，不过是丧葬用品，怎么能说是反叛呢？"廷尉无言以对，一个狱吏在一旁说："你就是不在活着的时候反叛，也会在九泉之下反叛朝廷。"

周亚夫

周亚夫悲愤交加，五日不食，呕血而死。

一代功臣名将，竟被诬以如此荒唐的罪名，落了个如此下场，实在让人唏嘘感叹！但周亚夫治军严整、用兵持重、意志坚定、法令严明，一直都成为后来统兵治军者学习的榜样、效法的楷模。

中国古代教育智慧

十、五事

【原文】

　　君之所务者五：一曰：山泽不救①于火，草木不植②成，国之贫也。二曰：沟渎③不遂于隘，鄣④水不安其藏，国之贫也。三曰：桑麻不植于野，五谷不宜其地，国之贫也。四曰：六畜不育于家，瓜瓠荤菜百果不备具，国之贫也。五曰：工事⑤竞于刻镂⑥，女事⑦繁于文章⑧，国之贫也。故曰：山泽救于火，草木植成，国之富也；沟渎遂于隘，鄣水安其藏，国之富也；桑麻植于野，五谷宜其地，国之富也；六畜育于家，瓜瓠荤菜百果备具，国之富也；工事无刻镂，女事无文章，国之富也。

【注释】

①救：止，禁止，阻止。

②植：通"殖"，繁殖。

③沟渎：沟渠。

④鄣：通"障"。阻塞，阻隔。

⑤工事：关于土木及其他工作的事物。

⑥刻镂：雕刻。

⑦女事：指女子所做的纺织、缝纫、刺绣等事。

⑧文章：文饰。

【译文】

　　君主必须要注意解决的问题有五个：一是山泽不能防止火灾，草木不能繁殖成长，国家就

缂丝《群仙祝寿图》

　　缂丝，旧时又称"长刻丝""刻丝作""刻色"等，在海外也有其他名称，如"缀锦""缀织""织成锦"等。其成品正反两面如一，与苏绣的双面绣有着异曲同工之妙。古有"织中之圣"和"一寸缂丝一寸金"的美誉。由于很长时间不坏，又被称之为"千年不坏艺术织品"。

会贫穷；二是沟渠不能全线通畅，堤坝中的水漫溢成灾，国家就会贫穷；三是田野不发展桑麻，五谷种植没有因地制宜，国家就会贫穷；四是农家不养六畜，蔬菜瓜果不齐备，国家就会贫穷；五是工匠追逐刻木镂金，女红也广求采花文饰，国家就会贫穷。这就是说，山泽能够防止火灾，草木繁殖成长，国家就会富足；使沟渠全线通畅，堤坝中的水没有漫溢，国家就会富足；田野发展桑麻，五谷种植能因地制宜，国家就会富足；农家饲养六畜，蔬菜瓜果能齐备，国家就会富足；工匠不进行刻木镂金，女红也不求文采花饰，国家就会富足。

【故事】

节俭帝王隋文帝

隋文帝统一中国后，结束了自西晋以来近三百年的社会动乱。但是，由于长期战争的破坏，当时隋王朝的政治、经济都面临着崩溃的危机。为了巩固新生政权，隋文帝不畏权贵的阻谏，大胆改革朝政，倡廉反腐。一方面，打击和抑制豪强贵族兼并土地，诛杀不法官吏，使民众得以休生养息，大力发展生产；另一方面，在宫中厉行节俭政治，成为中国历史上第一位"节俭帝王"。

隋文帝规定，宫中一般士人，便服只用布帛，饰带只用铁铜骨角，禁使金玉，更不允宫女妃妾涂脂抹粉。为了保证节俭政治的施行，隋文帝执法如磐，对于贪官污吏，无论是远支

管子的教育智慧

隋文帝

隋文帝杨坚（541年—604年），隋朝开国皇帝，弘农华阴（今陕西省华阴县）人，其父杨忠是西魏和北周的军事贵族，北周武帝时官至柱国大将军，被封为隋国公，杨坚承袭父爵。581年，北周的静帝以杨坚众望有归下诏宣布禅让。杨坚登基称帝，定国号为大隋，改元开皇。开皇九年（589年）灭陈，统一了中国，结束了西晋末年以来近三百年的分裂局面，结束了中国长期混乱的局面。

中国古代教育智慧

杨广

杨广（569年—618年），弘农华阴（今属陕西）人，在位十五年。大业初，兴修运河，营建东都洛阳，迫使人民从事无偿劳役，严重破坏了生产，后在江都（今江苏扬州）被禁军将领宇文化及等缢杀。

近亲还是权贵重臣，一律严惩不贷，不少人都被处以死刑。文帝的儿子秦王杨峻，因生活奢侈而被降旨归第。600年，有人告发太子杨勇生活腐朽好色，文帝查明后将其废黜。

平时，文帝注意体察民情，关注民间疾苦。594年，关中闹饥荒，文帝派人去查访民间百姓所用食品，发现老百姓吃的竟是豆粉拌糠。他深为惊讶，并痛苦流涕地将这些民食拿给群臣看，哭着说："都是我施政不善的结果呀！"接着立即降旨撤销自己的常膳，从此他吃饭再也不用酒肉了。文帝还率领饥民去洛阳吃饭，好言抚慰扶老携幼的百姓，碰到道路不平的地方，就令左右帮助饥民挑担子。隋文帝深深懂得，躬身节俭能取得广大民众的支持，以巩固自己的新生政权。

隋文帝在位二十四年，"躬节俭，平徭赋"，节俭政治始终贯注着他的全部行政，因而使隋初年间一度曾出现"仓廪实，法令行，君子闲乐其生，小人各安其业，强无陵弱，众不暴寡，人物殷阜，朝野欢娱"的繁荣景象。然而时过不久，文帝故去，其子杨广即位后却一改杨坚的优良传统，过起了纸醉金迷、花天酒地的奢侈生活，把好端端的江山白白断送掉了。

十一、七观

齐国文物·国子鼎

【原文】

期①而致，使②而往，百姓舍己，以上为心者，教之所期③也。始于不足见，终于不可及④，一人服⑤之，万人从之，训之所期也。未之令而为，未之使而往，上不加勉，而民自尽竭，俗之所期也。好恶形于心，百姓化于下，罚未行而民畏恐，赏未加而民劝勉，诚信之所期也。为而无害⑥，成⑦而不议，得而莫之能争，天道之所期也。为之而成，求之而得，上之所欲⑧，小大必举⑨，事之所期也。令则行，禁则止，宪之所及，俗之所被⑩，如百体之从心，政之所期也。

【注释】

①期：约定，征召。

②使：派遣。

③期：期望。

④及：比得上，能与……相比，比拟。

⑤服：从事，致力。

⑥害：灾害，祸害。

⑦成：成果，成就。

⑧欲：想要，希望。

⑨举：成就，成功。

⑩被：及，到达。

【译文】

征召就立即来到，派遣就立即前往，老百

中国古代教育智慧

孙武画像

孙武，字长卿，齐国乐安人，生卒年不详。中国古代军事学家。吴国以一隅之地而称霸，孙武起了重要作用。

其所著《孙子兵法》，总结了春秋末期及其以前的战争经验，是不朽的军事名著。

姓舍弃自己而以君上之心为心，这是教化所期望的结果。起初还看不出迹象，最后则成效不可比拟，君主一人行事，臣民万人随从，这是训练所期望的结果。不加命令而主动办事，不加派遣而主动前往，不用上面劝勉，而人民自己就能够尽心竭力，这是树立风俗所期望的结果。君主的好恶才在心里形成，百姓就化为行动，刑未行而人民知道恐惧，奖赏未发而人民得到劝勉，这是实行诚信所期望的结果。做事不产生恶果，成事之后也没有失败，得到的成果没有人能够争夺，这是遵守天道所期望的结果。行事即成，有求即得，君主所要求的，大小事情都能实现，这是办事所期望的结果。有令则行，有禁则止，凡是法令所及和风俗所影响到的地方，就像四肢百骸服从内心一样，这是为政所期望的结果。

【故事】

孙武令行禁止

春秋战同时代，吴围国王阖闾为富国强兵而广招贤才。齐围人孙武为避战祸，辗转奔波来到了吴国。在吴围隐居期间，他刻苦钻研兵法，经过多年的努力，终于编成了《孙子兵法》，等待时机以实现自己的抱负。

吴王阖闾读了《孙子兵法》，很是钦佩，盛赞孙武才华出众，是个难得的人才。吴王想亲自考察一下他的实际才能，便召见了孙武。吴王对他说："可以试试练兵方法让我看看吗?"孙武说:"可以。"吴王又问:"你的练兵方法适用于妇女吗?"孙武答:"可以。"

孙武塑像

于是,吴王挑出宫女一百八十人,交给了孙武。孙武把她们编成两队,挑选吴王两个最宠爱的美妃担任队长,让她俩持着战戟站在队前。孙武对美妃和宫女说:"你们都知道自己的前心、左右手和后背的位置吗?"美妃和宫女们说:"知道。"孙武说:"向前,就看前心所对的方向;向左,看左手方向;向右,看右手方向;向后,就看后背方向。一切行动以鼓声为准,大家都明白了吗?"她们都说:"明白了。"孙武部署已定,又命令士卒扛来执行军法的大斧,并指着大斧反复说明军队的纪律,违者处斩。

战鼓擂鸣,孙武下达了向右转的命令。美妃和宫女不但不听命令,反而嘻嘻哈哈地笑了起来。孙武说:"约束不明,令不熟,这次应由将帅负责。"于是重新再三反复做了说明。然后又击鼓,发出向左的命令。美妃和宫女们又一次哄笑起来。孙武说:"纪律和动作要领,已讲清楚,大家都说明白了,但仍旧不听从命令,这就是故意违反军纪。队长带头违犯军纪,应按军法处置。"于是,下令要斩左右队长,吴王在望云台上看见要杀自己的宠妃,大为惊骇,急忙传令说:"我已经领教了将军练兵的高明了,我没有了这两个爱妃,连饭都

中国古代教育智慧

孙武

吃不下，请不要杀她们吧！"孙武说："我既已受命为将，将在军，君命有所不受。"当即把两个队长一同斩首。又指定另外两位妃子任队长，继续操练。这时，再发出鼓令，不论向左、向右、前进、后退、跪下、起立，全都服从命令，而且严肃认真、合乎要求。孙武见已教练整齐，就派人报告吴王说："兵已经练好了，请大王检阅。这两队士兵可任意指挥，即使叫她们到水里火里也不会抗命了。"吴王失去了两个爱妃，心里很不高兴，苦笑着说："行了，将军回舍休息吧！我不想检阅了。"

事情过后，孙武先向吴王谢罪，接着申述斩妃的理由："令行禁止、赏罚分明，这是兵家常法，为将治军的通则；用众以威，责吏从严，只有三军都遵纪守法、听从号令，才能克敌制胜。"吴王听了孙武的解释，怒气消散，遂拜孙武为将军。

后来，吴国军队在孙武的严格训练下纪律严明，战斗力很强。公元前506年，在吴、楚大战中，吴军五战五捷，打败了楚国。以后，吴军又威震齐、晋两大中原强国，吴国在列国诸侯中威名远扬。

十二、大数

【原文】

无为①者帝,为②而无以为者王,为而不贵③者霸④。不自以为所贵,则君道也;贵而不过度⑤,则臣道也。

【注释】

①无为:指用德政感化人民,不施行刑罚。
②为:治理。
③贵:显贵,权贵,亲贵。
④霸:指古代诸侯联盟的盟主。
⑤度:尺度,限度。

【译文】

能做到"无为而治"的,可立帝业;为政而不为政务所累,显得无可操劳的,可成王业;为政而谦虚不自贵的,可成霸业。不自以为贵是做君主的准则,贵而不超越应守的规范,是做臣子的准则。

【故事】

无为而治与"文景之治"

在西汉初年的时候,经过秦末的长期战乱之后,国家经济遭到了严重破坏,人民流离失所,土地荒废,甚至大灾之年发生了人相食的惨剧。面对国家经济如此残破的局面,

曹参

曹参(?—前190年),字敬伯,沛县人,是继萧何后的汉代第二位相国。早年随汉高祖刘邦起兵,惠帝二年(前193年),萧何于临终前向汉惠帝刘盈举荐其为汉相。其在位期间,清静无为,继续执行萧何留下的政策而不予改变,史称"萧规曹随"。

中国古代教育智慧

汉惠帝

汉惠帝刘盈（前211年—前188年），西汉第二位皇帝（前194年—前188年），在位七年，死时年仅二十三岁。谥号"孝惠"，葬于安陵。

汉初的统治者采取"无为而治"的黄老治国方略。所谓"无为而治"就是指，国家不主动去做什么，而使人民得到休养生息的机会。

相传汉初名臣曹参在齐国做丞相时，向黄老学者盖公请教过治国安民之道。盖公告诉他："治道贵清静而民自定"。于是，曹参拜盖公为师，以黄老术治理齐国九年，百姓安宁，称为贤相。后来，曹参接替萧何做了汉中央的宰相，仍然是无为而治，所有政事都遵循萧何所定的法规，无所更改。他选择的部属都是一些不善言辞的老实人，而那些花言巧语、欲求名声的官吏则被斥退。曹参日夜饮用美酒，无所事事，有些官吏和宾客想来劝说他，都要被他用美酒灌醉后回家，没有机会张口说话。汉惠帝怪曹参不管政事，就让曹参的儿子去劝他，被曹参怒打两百鞭，斥之曰："天下事不是你应该说的"。后来上朝时，惠帝责备曹参："是我让他去劝你的。"曹参免冠谢罪，对惠帝说："陛下您自认为德行比高祖皇帝如何？"惠帝说："朕怎敢与先帝相比呢？"曹参又问："那么陛下观察臣与萧何谁更贤能？"惠帝说："似乎你也不如萧何。"曹参说："陛下所说极是。高祖与萧丞相安定天下，制定了完善的法令。现在陛下无为而治，臣等安守职分，遵照执行他们的法规就是了，这不也是很好吗？"曹参就这样做了三年丞相，无为而天下大治。老百姓都歌颂说："萧何为法，整齐划一。曹参代之，守而勿失。载其清静,人民安宁。"这个著名的历史故事被后人称作"萧规曹随"。

继汉惠帝之后的文帝、景帝也奉行无为而治。据《史记》记载,汉文帝的皇后窦氏好黄老之学,所以文帝和太子都读黄帝、老子之书,以黄老思想治国。汉文帝提倡节俭。有一次他想建造一座"露台",预先计算需花费百金,这相当于十户中等人家的家产,花费太多,于是决定不造了。文帝穿着次等丝料做的衣服,宫中爱姬的衣服不能长得拖地,屋里的帷帐不许绣花。为他建造的陵墓只许用瓦器,不用金银铜锡为饰。他对内提倡节俭,减免赋税,对外与匈奴和亲而不用兵扰民,刑法宽松,专务以德化民,使得海内殷富、礼仪大兴。汉景帝继承清静无为的政策。几十年间,生产发展,国库里粮食太多,只好露天堆放。铜钱多得用不完,穿钱的绳子都腐烂了。文帝、景帝以黄老之术治国,使国家富足,人民安定,史书称之为"文景之治"。

管子的教育智慧

汉文帝灞陵

中国古代教育智慧

崇祯帝

崇祯帝朱由检（1611年—1644年），明熹宗朱由校的弟弟。天启七年（1627年）即位，改元崇祯，是明朝第十六任（最后一任）皇帝。其专横独断、刚愎自用，杀害抗清英雄袁崇焕，致使朝廷内部人人自危，最终众叛亲离。又横征暴敛，最终导致了明朝的灭亡。1644年3月，李自成率农民军攻入北京，崇祯皇帝在紫禁城后的煤山（今景山）上吊自杀，明亡。

十三、版法

【原文】

凡将立事，正彼天植①，风雨无违，远近高下，各得其嗣。三经既饬②，君乃有国。

喜无以赏，怒无以杀。喜以赏，怒以杀，怨乃起，令乃废。骤令不行，民心乃外；外之有徒，祸乃始牙③。众之所忿，置不能图。举所美，必观其所终；废所恶，必计其所穷。庆勉敦敬以显之，富禄有功以劝之，爵贵有名以休之。兼爱无遗，是谓君。必先顺教，万民乡风；旦暮利之，众乃胜任。

取人以己，成事以质。审用财，慎施报，察称量。故用财不可以啬，用力不可以苦。用财啬则费，用力苦则劳。民不足，令乃辱；民苦殃，令不行。施报不得，祸乃始昌；祸昌不寤④，民乃自图。

正法直⑤度，罪杀不赦；杀僇必信，民畏而惧。武威既明，令不再行。顿卒⑥怠倦以辱之，罚罪宥过以惩之，杀僇犯禁以振之。植⑦固不动，倚邪乃恐。倚革邪化，令往民移，法天合德，象法无亲，参于日月，佐于四时。悦在施，有⑧众在废私，召远在修近，闭祸在除怨，修⑨长在乎任贤，高安⑩在乎同利。

【注释】

①天植：心志，心意。
②饬：修整，整治。

96

③牙：萌芽。

④寤：通"悟"。觉悟，认识到。

⑤直：公正，不偏私。

⑥顿卒：也作"顿悴"。困厄憔悴，困苦。

⑦植：通"志"。志向。

⑧有：取得，获得。

⑨修：整治。

⑩高安：居于高位而安泰。

【译文】

凡人君临政视事，首先要端正他的心志，其次是不违背风来雨到的天时，最后是使远近高下的人们都能得到很好的治理。这三个根本问题都解决了，国君便可以保有其国家。

不可因个人喜悦而行赏，不可因个人恼怒而擅杀。如果是因喜而赏、因怒而杀，人民就会生怨，政令就会废弛。政令多次行不通，人民就会有外心；有外心的结了党，祸乱就会开始萌芽。引起了群众的愤怒，少数人是不能图谋应付的。举办所喜欢的事，一定要估计到事情的结局；废止所厌恶的事，一定要考虑到事情的后果。用赏赐嘉勉敦厚的人以进行表扬，用俸禄加富有功的人以进行鼓励，用爵位提升有名望的人以进行美誉，要兼爱而没有遗弃，才算得上君主的胸怀。一定要先给教训，万民才会趋向好的风化。经常给予利益，民众就会成功完成己任了。

取用于人要比照一下自己，办事要根据实际力量。要详细斟酌国家的用财，慎重处理施予

管子的教育智慧

汉灵帝

汉灵帝刘宏（156年—189年），十二岁即位，在位二十二年，先后制造了两次"党锢之祸"。两次"党锢之祸"后，清正的官员不是被害就是被禁锢，宦官更加为所欲为、残害百姓，因而激起民变，酿成了黄巾之乱。黄巾之乱以后群雄并起，东汉最终走向灭亡。

中国古代教育智慧

曹操

曹操（155年—220年），即魏武帝，字孟德，小名阿瞒、吉利，沛国谯县（今安徽亳州）人。官爵至魏王、丞相、冀州牧，魏国的缔造者和奠基者，三国时期政治家、军事家、文学家、诗人。曹丕代汉建魏后，被尊称为"大魏武皇帝"，庙号"魏太祖"。

和报酬，明察事物的分量与限度。所以，君主用财于民不可以吝啬，征用民力不可以过头。用财吝啬则人民反抗，用力过头则人民疲劳。人民贫困，政令就繁复无效；人民苦于劳役之灾，政令就无法贯彻。施予酬报不得当，祸乱就开始发展；祸乱发展而人君尚不觉悟，民众就自图造反了。

法律公正，制度明确；杀有罪，不宽赦；执行杀戮一定要说到做到，民众就会畏惧。权威明示于众，法令就不必一再重申。对怠倦的人，要通过训斥予以羞辱；对有过的人，要通过处罚予以惩戒；对犯罪的人，要通过杀戮予以震慑。君主执法之心坚定而不动摇，乖异邪僻的人们就自然恐惧。乖异邪僻的行为都有了改革和变化，法令颁布下去，民众就跟着行动了。君主应该效法天，对万物全体施德；模仿地，对万物没有私亲。要做到与日月同级，与四时并列。使众人喜悦决定于爱施俱行，得民众拥护决定于破除私心。要招徕远方的人们，决定于修好国内；要避免祸乱的发生，决定于消除人怨；准备长远大计，在于任用贤人；巩固尊高地位，在于与民同利。

【故事】

曹操割发代首

曹操，东汉末年的丞相，后被封为魏王，是三国时期著名的政治家、军事家。曹操带兵军纪十分严明，并且自己也以身作则，带头遵守，因此，他的军队很有战斗力，很快就消灭了多股强大的军阀割据势力，统一了北方。

曹操看到中原一带由于多年战乱，人民四处流散，田地荒芜，就采纳部将的建议，下令让军队的士兵和老百姓一起屯田。很快，荒芜的土地种上了庄稼，收获了大批粮食。有了粮食，老百姓安居乐业了，军队也有了充足的军粮，为进一步统一全国打下了物质基础。看到这一切，大家都很高兴。

可是，有些士兵不懂得爱护庄稼，常有人在庄稼地里乱跑，踩坏了庄稼。曹操知道后很生气，他下了一道极其严厉的命令：全军将士，一律不得践踏庄稼，违令者斩！

将士们都知道曹操一向军令如山，令出必行，令禁必止，决不姑息宽容。所以此令一下，将士们小心谨慎，唯恐犯了军纪。将士们操练、行军经过庄稼地旁边的时候，总是小心翼翼地通过。有时，将士们看到路旁有倒伏的庄稼还会过去扶起来。

199年，曹操准备和袁绍在官渡（今河南中牟县东北）进行战略决战。战前，曹操精辟地分析了双方的形势后认为："我虽不及袁绍兵多地广，但我军号令严明，故能以少击众。"夺取决战的胜利，必须要进一步整肃军纪，于是命令"全军将士，上至统帅，下至马夫，行军训练，不准践踏庄稼，不准打骂百姓，不准调戏女子，不准倒犯民利，违令者斩首。"从此，军队行军训练都十分谨慎，遇有

曹操画像

中国古代教育智慧

曹操像

麦场，骑兵下马，扶麦而行。百姓见状，交口称赞。

有一天，曹操率众出巡。那时候正好是小麦快成熟的季节。曹操骑在马上，望着一望无际的金黄色的麦浪，心里十分高兴。

正当曹操骑在马上边走边想问题的时候，突然"扑棱棱"的一声，从路旁的草丛里窜出几只野鸡，从曹操的马头上飞过。曹操的马没有防备，被这突如其来的情况吓惊了。它嘶叫着狂奔起来，跑进了附近的麦子地。等到曹操使劲勒住了惊马，地里的麦子已经被踩倒了一大片。

看到眼前的情景，曹操把执法官叫了来，十分认真地对他说："今天，我的马踩坏了麦田，违犯了军纪，请你按照军法给我治罪吧！"

听了曹操的话，执法官犯了难。按照曹操制定的军纪，踩坏了庄稼是要治死罪的。可是，曹操是主帅，军纪也是他制定的，怎么能治他的罪呢？

想到这里，执法官对曹操说："丞相，按照古制'刑不上大夫'，您是不必领罪的。"

"这怎么能行？"曹操说，"如果大夫以上的高官都可以不受法令的约束，那法令还有什么用处？何况这糟蹋了庄稼要治死罪的军令是我下的，如果我自己不执行，怎么能让将士们去执行呢？"

"这……"执法官迟疑了一下，又说：

"丞相,您的马是受到惊吓才冲入麦出的,并不是您有意违犯军纪、踩坏庄稼的,我看还是免于处罚吧!"

"不!你的理不通。军令就是军令,不能分什么有意无意,如果大家违犯了军纪都去找一些理由来免于处罚,那军令不就成一纸空文了吗?军纪人人都得遵守,我怎么能例外呢?"

执法官头上冒出了汗,他想了想又说:"丞相,您是全军的主帅,如果按军令从事,那谁来指挥打仗呢?再说,朝廷不能没有丞相,老百姓也不能没有您呐!"

众将官见执法官这样说,也纷纷上前哀求,请曹操不要处罚自己。

曹操见大家求情,沉思了一会儿说:"我是主帅,治死罪是不适宜。不过,不治死罪,也要治罪,那就用我的头发来代替我的首级(即脑袋)吧!"说完他拔出了宝剑,割下了自己的一把头发。接着又下令传谕三军:统帅战马践踏麦苗,本当斩首,众将不允,遂割发代首,务望全军将士严守军法。

全军将士得知此事后,十分佩服曹操严于律己的精神,都自觉遵守纪律。不久,曹操统率这支严格训练、严明军纪的两万精兵,一举击败了袁绍的十万众兵,取得了官渡之战的胜利。

管子的教育智慧

清版《三国演义》袁绍像

袁绍(153年—202年),字本初,汝南汝阳(今河南周口)人。灵帝死后,袁绍率军尽诛宦官,主持朝政。初平元年(190年),关东州郡牧守联合起兵以讨董卓,袁绍被推为关东军盟主。建安四年(199年)袁绍已成为当时中国势力最强的一方诸侯。建安五年(200年)与曹操决战于官渡,大败,两年后惭愤病死。

中国古代教育智慧

朋党之争

唐朝后期,统治集团内部出现了不同派别的争权斗争,史称"朋党之争"。当时朝廷大臣形成了以牛僧孺、李宗闵为首的"牛党"和以李德裕为首的"李党",两派相互倾轧了四十余年。两党交替执政,相互攻伐,使腐败的朝廷更加混乱。宣宗时牛僧孺病死,牛李党争才告结束。

十四、法法

【原文】

不法①法,则事毋常;法不法,则令不行。令而不行,则令不法也;法而不行,则修令者不审也;审而不行,则赏罚轻也;重而不行,则赏罚不信也;信而不行,则不以身先之也。故曰:禁胜于身,则令行于民矣。

闻贤而不举,殆②;闻善而不索,殆;见能而不使,殆;亲人而不固,殆;同谋而离,殆;危人而不能,殆;废人而复起,殆;可而不为,殆;足而不施,殆;几而不密,殆。人主不周密,则正言直行之士危;正言直行之士危,则人主孤而毋内;人主孤而毋内,则人臣党而成群。使人主孤而毋内、人臣党而成群者,此非人臣之罪也,人主之过也。

民毋重罪,过不大也,民毋大过,上毋赦也。上赦小过,则民多重罪,积之所生也。故曰:赦出则民不敬,惠行则过日益。惠赦加于民,而囹圄虽实,杀戮虽繁,奸不胜矣。故曰:邪莫如蚤③禁之。赦过遗善,则民不励。有过不赦,有善不遗,励民之道,于此乎用之矣。故曰:明君者,事断者也。

君有三欲于民,三欲不节,则上位危。三欲者何也?一曰求,二曰禁,三曰令。求必欲得,禁必欲止,令必欲行。求多者,其得寡;禁多者,其止寡;令多者,其行寡。求而不得,则威日损;禁而不止,则刑罚侮;令而不行,则下凌上。故未有能多求而多得者也,未有能多禁而多止者也,未有能多令而多行者也。故曰:上苛则下不听,下不听而强以刑罚,则为人上者众谋矣。为人上而众谋之,虽欲毋危,不可得也。号令已出又易之,礼义已行又止之;度量已制又迁之,刑法已错又移之。如是,则庆赏虽重,民不劝也;杀戮虽繁,民不畏也。故曰:上无固植,下有疑心。国无常经,民力必竭,数也。

明君在上位,民毋敢立私议自贵者,国毋怪严,毋杂俗,毋异礼,士毋私议。倨傲易令,错仪画制,作议者尽诛。故强者折,锐者挫,坚者破。引之以绳墨,绳之以诛僇,故万民之心皆服而从上,推之而往,引之而来。彼下有立其私议自贵,分争而退者,则令自此不行矣。故曰:私议立则主道卑矣。况主倨傲易令,错仪画制,变易风俗,诡服殊说犹立。上不行君令,下不合于乡里,变更自为,易国之成俗者,命之曰不牧之民。不牧之民,绳之外也;绳之外诛。使贤者食于能,斗士食于功。贤者食于能,则上尊而民从;斗士食于功,则卒轻患而傲敌。上尊而民从,卒轻患而傲敌。二者设于国,则天下治而主安矣。

凡赦者,小利而大害者也,故久而不胜其祸。毋赦者,小害而大利者也,故久而不胜其福。故赦者,奔马之委辔;毋赦者,痤雎④之矿

周厉王

厉王,姓姬名胡,姬胡即位时,周王室的势力已非常薄弱了外族入侵、诸侯内乱、贡赋锐减、国库空虚。可是厉王却变本加厉,巧立名目,以此来增加赋税,满足自己荒淫腐朽的生活。对外屡战屡败,加剧了国内的矛盾。老百姓实在忍无可忍,最后终于爆发了"国人暴动"。暴动之后,周厉王被老百姓放逐到了彘地(今山西霍县)。其谥号"厉"表示"暴慢无亲""杀戮无辜"。

中国古代教育智慧

故宫鸟瞰图

石也。爵不尊、禄不重者,不与图难犯危,以其道为未可以求之也。是故先王制轩冕所以著贵贱,不求其美;设爵禄所以守其服,不求其观也。使君子食于道,小人食于力。君子食于道,则上尊而民顺;小人食于力,则财厚而养足。上尊而民顺,财厚而养足,四者备体,则胥足上尊时而王不难矣。文有三侑,武毋一赦。惠者,多赦者也,先易而后难,久而不胜其祸;法者,先难而后易,久而不胜其福。故惠者,民之仇雠也;法者,民之父母也。太上以制制度,其次失而能追之,虽有过,亦不甚矣。

明君制宗庙,足以设宾祀,不求其美;为宫室台榭,足以避燥湿寒暑,不求其大;为雕文刻镂,足以辨贵贱,不求其观。故农夫不失其时,百工不失其功,商无废利,民无游日,财无砥墆。故曰:俭其道乎!明君制宗庙,足以设宾祀,不求其美;为宫室台榭,足以避燥湿寒暑,不求其大;为雕文刻镂,足以辨贵贱,不求其观。故农夫不失其时,百工不失其功,商无废利,民无游日,财无砥墆⑤。故曰:俭其道乎!

凡大国之君尊,小国之君卑。大国之君所以尊者,何也?曰:为之用者众也。小国之君所以卑者,何也?曰:为之用者寡也。然则为之用者众则尊,为之用者寡则卑,则人主安能不欲民之众为己用也?使民众为己用,奈何?

曰：法立令行，则民之用者众矣；法不立，令不行，则民之用者寡矣。故法之所立、令之所行者多，而所废者寡，则民不诽议；民不诽议，则听从矣。法之所立、令之所行，与其所废者钧，则国毋常经；国毋常经，则民妄行矣。法之所立、令之所行者寡，而所废者多，则民不听；民不听，则暴人起而奸邪作矣。

计上之所以爱民者，为用之爱之也。为爱民之故，不难毁法亏令，则是失所谓爱民矣。夫以爱民用民，则民之不用明矣。夫至用民者，杀之危之，劳之苦之，饥之渴之；用民者将致之此极也，而民毋可与虑害己者，明王在上，道法行于国，民皆舍所好而行所恶。故善用民者，轩冕⑥不下拟，而斧钺不上因。如是，则贤者劝而暴人止。贤者劝而暴人止，则功名立其后矣。蹈白刃，受矢石，入水火，以听上令；上令尽行，禁尽止。引而使之，民不敢转其力；推而战之，民不敢爱其死。不敢转其力，然后有功；不敢爱其死，然后无敌。进无敌，退有功，是以三军之众皆得保其首领，父母妻子完安于内。故民未尝可与虑始，而可与乐成功。是故仁者、知者、有道者，不与大虑始。

国无以小与不幸而削亡者，必主与大臣之德行失于身也，官职、法制、政教失于国也，诸侯之谋虑失于外也，故地削而国危矣。国无以大与幸而有功名者，必主与大臣之德行得于身也。官职、法制、政教得于国也，诸侯之谋

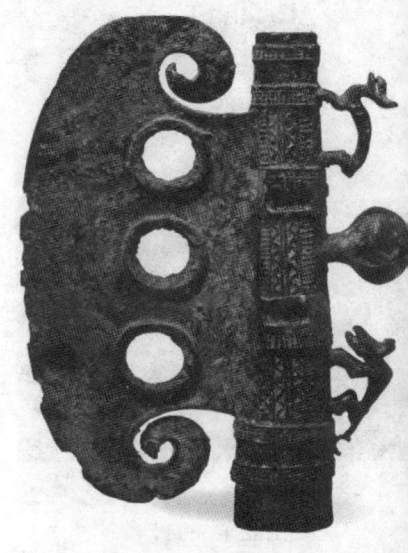

商代青铜钺

中国古代教育智慧

朱温

后梁太祖，名朱温（852年—912年），字全忠，出身贫寒，后掌握了唐朝的兵权，废唐宣帝而自立。在位六年，为其子所杀，终年六十一岁。

虑得于外也。然后功立而名成。然则国何可无道？人何可无求？得道而导之，得贤而使之，将有所大期于兴利除害。期于兴利除害莫急于身，而君独甚。伤也，必先令之失。人主失令而蔽，已蔽而劫，已劫而弑。

凡人君之所以为君者，势也。故人君失势，则臣制之矣。势在下，则君制于臣矣；势在上，则臣制于君矣。故君臣之易位，势在下也。在臣期年，臣虽不忠，君不能夺也；在子期年，子虽不孝，父不能服也。故《春秋》之记，臣有弑其君、子有弑其父者矣。故曰：堂上远于百里，堂下远于千里，门庭远于万里。今步者一日，百里之情通矣；堂上有事，十日而君不闻，此所谓远于百里也。步者十日，千里之情通矣；堂下有事，一月而君不闻，此所谓远于千里也。步者百日，万里之情通矣，门庭有事，期年而君不闻，此所谓远于万里也。故请入而不出谓之灭，出而不入谓之绝，入而不至谓之侵，出而道止谓之壅。灭绝侵壅之君者，非杜其门而守其户也、为政之有所不行也。故曰：令重于宝，社稷先于亲戚，法重于民，威权贵于爵禄。故不为重宝轻号令，不为亲戚后社稷，不为爱民枉法律，不为爵禄分威权。故曰：势非所以予人也。

政者，正也。正也者，所以正定万物之命也。是故圣人精德立中以生正，明正以治国。故正者，所以止过而逮不及也。过与不及也，皆非正也；非正，则伤国一也。勇而不义伤兵，仁而不法伤正。故军之败也，生于不义；法之侵也，生于不正。故言有辨而非务者，行有难而非善者。故言必中务，不苟为辨；行必思善，不苟为难。

规矩者，方圆之正也。虽有巧目利手，不如拙规矩之正方圆也。故巧者能生规矩，不能废规矩而正方圆。虽圣人能生法，不能废法而治国。故虽有明智高行，倍法而治，是废规矩而正方圆也。

京剧《崔杼弑其君》片段

一曰：凡人君之德行威严，非独能尽贤于人也；曰人君也，故从而贵之，不敢论其德行之高卑有故。为其杀生，急于司命也；富人贫人，使人相畜也；良人贱人，使人相臣也。人主操此六者以畜其臣，人臣亦望此六者以事其君，君臣之会，六者谓之谋。六者在臣期年⑦，臣不忠，君不能夺；在子期年，子不孝，父不能夺。故《春秋》之记，臣有弑其君，子有弑其父者，得此六者，而君父不智也。六位在臣，则主蔽矣；主蔽者，失其令也。故曰：令入而不出谓之蔽，令出而不入谓之壅，令出而不行谓之牵，令入而不至谓之瑕。牵瑕蔽壅之事君者，非敢杜⑧其门而守其户也，为令之有所不行也。此其所以然者，在贤人不至而忠臣不用也。故人主不可以不慎其令。令者，人主之大宝也。

一曰：贤人不至谓之蔽，忠臣不用谓之塞，令而不行谓之障，禁而不止谓之逆。蔽塞

·107·

中国古代教育智慧

虞舜

舜,相传为中国历史上的先贤,是尧之后的古帝王,部落联盟首领,是禅让制的代表,以受尧的"禅让"而称王于天下。当时,国号为"虞",故称"虞舜"。虞舜待继母以孝、待弟以仁,儒家视为理想人物,是仁孝的典范。

障逆之君者,不敢杜其门而守其户也,为贤者之不至、令之不行也。

凡民从上也,不从口之所言,从情之所好者也;上好勇,则民轻死;上好仁,则民轻财。故上之所好,民必甚焉。是故明君知民之必以上为心也,故置法以自治,立仪以自正也。故上不行,则民不从;彼民不服法死制,则国必乱矣。是以有道之君,行法修制,先民服也。

凡论人有要:矜物之人,无大士焉。彼矜者,满也;满者,虚也。满虚在物,在物为制也。矜者,细之属也。凡论人而远古者,无高士焉。既不知古而易其功者,无智士焉。德行成于身而远古,卑人也。事无资,遇时而简其业者,愚士也。钓名之人,无贤士焉。钓利之君,无王主焉。贤人之行其身也,忘其有名也;王主之行其道也,忘其成功也。贤人之行,王主之道,其所不能已也。

明君公国一民以听于世,忠臣直进以论其能。明君不以禄爵私所爱,忠臣不诬能以干爵禄。君不私国,臣不诬能,行此道者,虽未大治,正民之经也。今以诬能之臣事私国之君,而能济功名者,古今无之。诬能之人易知也。臣度之先王者,舜之有天下也,禹为司空,契为司徒,皋陶为李,后稷为田。此四士者,天下之贤人也,犹尚精一德以事其君。今诬能之人,服事任官,皆兼四贤之能。自此观之,功名之不立,亦易知也。故列尊禄重,无以不受也；势利官大，无以不从也；以此事君，此所谓诬能篡利之臣者也。世无公国之君，则无直进之士；无论能之主，则无成功之臣。昔者三代之相授也，安得二天下而杀之。

贫民伤财，莫大于兵；危国忧主，莫速于兵。此四患者明矣，古今莫之能废也。兵当废而不废，则古今惑也；此二者不废而欲废之，则亦惑也。此二者伤国一也。黄帝唐虞，帝之隆也，资有天下，制在一人。当此之时也，兵不废。今德不及三帝，天下不顺，而求废兵，不亦难乎？故明君知所擅，知所患。国治而民务积，此所谓擅也。动与静，此所患也。是故明君审其所擅，以备其所患也。

猛毅之君，不免于外难；懦弱之君，不免于内乱。猛毅之君者轻诛，轻诛之流，道正者不安；道正者不安、则材能之臣去亡矣。彼智者知吾情伪，为敌谋我，则外难自是至矣。故曰：猛毅之君，不免于外难。懦弱之君者重诛，重诛之过，行邪者不革；行邪者久而不革，则群臣比周；群臣比周，则蔽美扬恶；蔽美扬恶，则内乱自是起。故曰：懦弱之君，不免于内乱。

明君不为亲戚危其社稷，社稷戚⑨于亲；不为君欲变其令、令尊于君；不为重宝分其威，威贵于宝；不为爱民亏⑩其法，法爱于民。

【注释】

①法：依法。

②殆：危险，引申为失败。

管子的教育智慧

黄帝像

黄帝是传说中上古帝王轩辕氏的称号。他是传说中的人物，被认为是华夏族的始祖，亦是中国历史传说中的五帝之首。姓公孙，因生于轩辕之丘，故也称为轩辕氏，号轩辕氏、有熊氏。黄帝也被道教尊为道家之祖，在道教中有着特殊地位。

中国古代教育智慧

党锢

"党锢之祸"指东汉桓帝、灵帝时,士大夫、贵族等对宦官乱政的现象不满,与宦官发生了党争的事件。事件因宦官以"党人"罪名禁锢士人终身而得名,前后共发生过两次。以宦官诛杀士大夫一党几尽而结束,当时的言论以及日后的史学家多同情士大夫一党,并认为"党锢之祸"伤及了汉朝的根本,为黄巾之乱和汉朝的最终灭亡埋下了伏笔。

③蚤:通"早"。尽早,趁早。
④痤疽:痤疽。
⑤砥埠:长久壅积,不能流通。
⑥轩冕:指国君或显贵者。
⑦期年:一年。
⑧杜:关门,封闭。
⑨戚:亲近,亲密。
⑩亏:减损,减少。

【译文】

不以法推行法度,则国事没有常规;法度不用法的手段推行,则政令不能贯彻。君主发令而不能贯彻,是因为政令没有成为强制性的法律;成为强制性的法律而不能贯彻,是因为起草政令不慎重;慎重而不能贯彻,是因为赏罚太轻;赏罚重而不能贯彻,是因为赏罚还不信实;信实而不能贯彻,是因为君主不以身作则。所以说:禁律能够管束君主自身,政令就可以行于民众。

知道有贤才而不举用,要失败;听到有好事而不调查,要失败;见到能干的人而不任使,要失败;亲信于人而不坚定,要失败;共同谋事而不团结,要失败;想危害人而不能,要失败;已废黜人而再用,要失败;事可为而不为,要失败;家已富而不施,要失败;机要而不能保密,也要失败。人君行事不严加保密,正言直行的人就危险;正言直行的人危险,君主就孤立无亲;君主孤立无亲,人臣就会结成朋党。使君主孤立无亲,人臣结成朋党

管子的教育智慧

的，责任不在人臣，而是君主自身的错误。

人民没有重罪，是因为过失不大；人民不犯大过，是因为君主不随意赦免。君主赦小过，则人民多重罪，这是逐渐积累而形成的。所以说，赦令出，人民就不加警惕；恩惠行，过失就日益增多。把恩惠和宽赦政策加于人民，监狱虽满，杀戮虽多，坏人也不能制止了。所以说，邪恶的事不如早加禁止。对文人只有三宥，对武人一赦都不能有。所谓"惠"，就是多赦，行起来先易后难，久而不胜其祸；所谓"法"，则是行起来先难后易，久而不胜其福的。所以，"惠"，是人民的仇敌；"法"，是人民的父母。最上等的是事先用法制规范人的行为，其次是有错误而能制止，虽有过也不致严重。赦过忘善，人民就不能勉励；有过不赦，有善不忘，勉励人民的政策就发挥作用了。所以说：英明君主，就是要掌握这善恶的裁决。

古代文人百态图

君主对人民有三项要求，三项要求不节制，君主的地位就有危险。三项要求是什么呢？一是索取，二是禁阻，三是命令。索取总是希望得到，禁阻总是希望制止，命令总是希望推行。但索取太多，所得到的反而少；禁阻太多，所制止的反而少；命令太多，所推行的反而少。索取而不得，威信就日益降低；禁阻而不止，刑罚将受到轻视；命令而不行，下面就欺凌君上。从来没有多求而多得、多禁而多止、多令而能多行的。所以说：上面过于苛刻，下面就不听命；下不听

中国古代教育智慧

夏桀把人当坐骑

命而强加以刑罚,做君主的就将被众人谋算。君主而被众人所谋算,虽想没有危险,也办不到了。号令已出又改变,礼仪已行又废止,度量已定又变换,刑法已行又动摇,这样,赏赐虽重,人民也不勉力;杀戮虽多,人民也不害怕了。所以说:上面的意志不坚定,下面就有疑心;国家没有常法,人民就不肯尽力,这都是规律。

英明的君主在上,人民自然不敢有私立异说而妄自尊大的,国家没有荒诞的事情、杂乱的风俗、怪异的礼节,士人也没有私立异说的。对于傲慢不恭、改变法令、自己立法定制、制造异说的都加以诛罚,那么,强硬的屈服,冒尖的受挫折,顽固的也可以攻破。再用法度来引导,用杀戮来管制,因而,万民之心都会服从上面,推之而往,引之而来。如果,下面有私立异说,妄自尊大,纷争而不负责任的,君令就再也无法实行。所以说,私立异说一立,君主威信就低,何况还有傲慢不恭、改变法令、自行立法定制、改风俗、变服装、奇谈怪论的存在呢?那种上不行君令,下不合乡里,随意独行,改变一国既成风俗的,叫作"不服治理的人"。"不服治理的人"是跑到法度以外了。法度以外的人,应该杀。应当使贤者靠能力用事,斗士靠战功用事。贤者靠能力用事,则君主尊严而人民顺从;斗士靠战功用事,则士卒不怕患难而蔑视敌人。君主尊严而人民服从,士卒不怕患难而蔑视敌人,两者树立于国内，则天下得治君主得安了。

凡行"赦"，总是小利而大害，故久而不胜其祸；"不赦"，则是小害而大利，故久而不胜其福。因此，"赦"，好比奔马的丢弃缰绳；"不赦"，好比瘫病的针灸治疗。爵位不尊，俸禄不重，就不会有人为他赴难冒险，因为他的办法还不足以调动人们这样做。因此，先王规定轩冕，是用来区别贵贱，不是求美；设立爵禄，是用来定其待遇，不是求好看。要使君子靠治国之道来生活，小人靠出力劳动生活。君子靠治国之道生活，则君主尊严而人民顺从；小人靠出力劳动生活，即财物丰厚而生活富裕。君主尊严，人民顺从，财物丰厚，生活富裕，四个条件具备，就不难待时而成王业了。

秦宗庙遗址

英明的君主建造宗庙，足以殡尸设祭就行了，不求它的美；修筑宫室台榭，足以防避燥湿寒署就行了，不求它的大；雕制花纹，刻木镂金，足以分辨贵贱等级就行了，不求它的壮观。这样，农夫不耽误农时，工匠能保证功效，商人没有失利的，人民没有游荡的，财货也没有积压的。所以说：节俭才是正道啊！

凡是大国的君主地位都高，小国的君主地位都低。大国君主何以地位高呢？回答是：被他使用的人多。小国的君主地位何以低呢？回

中国古代教育智慧

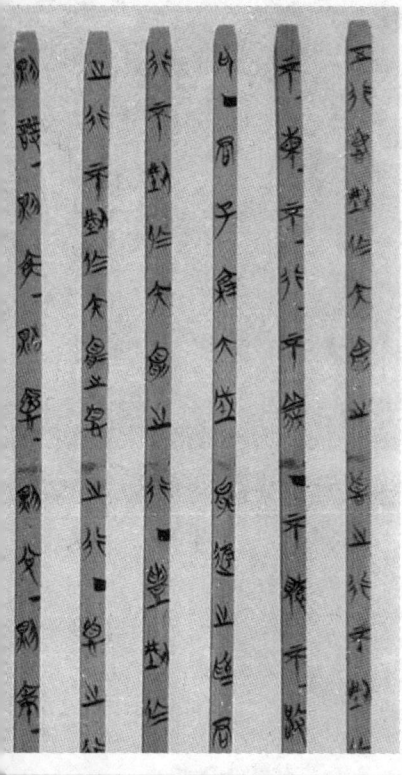

秦律竹简

答是：被他使用的人少。既然被用得多就高、用得少就低，那么，君主哪有不希望更多的人民为己所用的呢？要使人民多为己用，怎么办？回答是：法立令行，人民听用的就多了；法不立，令不行，人民听用的就少了。所以，成立的法律和行通的命令多，而所废者少，人民就不非议，人民不非议就听从了。成立的法律和行通的命令，如果与所废者均等，国家就没有正常的准则，国家没有正常的准则，人民就去胡作非为了。成立的法律和行通的命令少，而所废者多，人民就不肯服从，人民不服从法令，暴力就要兴起，而奸邪之辈就要作乱了。

考察君主之所以爱民，乃是为了使用他们而爱的。为了爱民的缘故，不怕毁坏法度，削减命令，那就失去爱民的意义了。单用爱民的办法使用人民，则人民不服使用，这是很明显的。善于使用人民的，他可以用杀戮、危害、劳累、饥饿、口渴等方法，用民者可以用这种极端的手段，而人民没有考虑以为害己的，是因为明主在上，道和法通行全国，人民都能舍弃爱干的私事而做不爱干的公务。所以，善于使用人民的，总是赏赐不任意折扣，刑罚不任意增加。这样，贤人知所勉力而暴人平息。贤人勉力而暴人平息，功业就随之而立了。人们可以踏白刃，受矢石，赴汤蹈火来执行君令，君令可以尽行，禁律可以尽止，召来使用，人民不敢转移力量；送去战争，人民不敢顾惜生命。不敢转移力量，然后可以立功；不敢顾惜生命，然后可以无敌。进无敌，退有功，于是三军之众都能够保全首领，使父母妻子完好安居于国内。所以，对人民不必同他商量事业的创始，而可以同他欢庆事业的成功。因此，仁者、智者、有道者，都不与人民商量事业之开始。

国家从来没有因为小和不幸而削弱危亡的，一定是因为君主和大臣自身失德，国内的官职、法制、政教有失误，国外对诸侯国的谋虑有失误，因而地削而且国危。国家也没有因为大和侥幸而成功立名的，一定是因为君主和大臣自身有德，国内官职、法制、政教有成就，国外对诸侯国的谋虑有成就，然后功立而且名成。既然如此，治国怎么可以没有正道？用人怎么可以不用贤人？得正道而引导之，得贤才而使用之，将是对于兴利除害大有希望的。希望兴利除害，没有比以身作则更急需的了，而国君尤为重要。如事业受到损害，那一定首先是法令有错误。人主将因法令错误而受蒙蔽，因蒙蔽而被劫制，因受劫制而被杀。

凡人君之所以成为人君，是因为他有权势。所以，人君失掉权势，臣下就控制他了。权势在下面，君主就被臣下所控制；权势在上面，臣下由君主控制。所以，君臣的地位颠倒，就因为权势下落。大臣得势一整年，臣虽不忠，君主也不能夺；儿子得势一整年，子虽不孝，父亲也不能制服。所以《春秋》记事，臣有杀君的，子有杀父的。所以说：堂上可以比百里还远，堂下可以比千里还远，门庭可以比万里还远。现在，步行

管子的教育智慧

司马昭

司马昭（211年—265年），字子上，曹魏后期的政治家和军事家。司马昭继承其父兄的事业，消灭蜀汉，基本上取代了曹魏。魏甘露五年（260年）授意手下杀死魏王曹髦，立曹奂为曹魏元帝。魏元帝于264年再次下诏拜司马昭为相国，封为晋王，加九锡。其儿子司马炎代魏称帝建立西晋后，司马昭被追封为文帝，庙号太祖。

中国古代教育智慧

汉·四神规矩镜

一天，一百里地之内的情况就知道了，堂上有事，过十天君主还不知道，这就叫作比一百里还远了；步行十天，可以了解一千里地的情况，堂下有事，过一月君主还不知道，这就叫比一千里还远了；步行百天，可以了解一万里地的情况，门庭有事，过一年君主还不知道，这就叫作比一万里还远了。所以，情况进而不出，叫作"灭"；情况出而不进，叫作"绝"；情况报上去而不能达到君主，叫作"侵"；情况下达而中途停止，叫作"壅"。有了灭、绝、侵、壅问题的国君，并不是杜绝或封守了他的门户，而是政令有所不能推进的缘故。所以说：政令重于宝物，政权先于至亲，法度重于人民，威权重于爵禄。所以，不可为重宝而看轻政令，不可为至亲而把国家政权放在后面，不能为爱民而歪曲法律，不能为爵禄而分让权威。所以说：权势是不能给予他人的。

政，就是"正"。所谓正，是用来正确确定万物之命的。因此，圣人总是精修德性，确定中道以培植这个"正"字，宣扬这个"正"字来治理国家。所以，"正"，是用来制止过头而补不及的。过与不及都不是正。不正都一样损害国家。勇而不义损害军队，仁而不正损害法度。军队失败，产生于不义；法度的侵蚀，就是产生于不正。说话有雄辩而不务正的，行为有敬惧而不善良的，所以，说话必须合于务正，不苟且强为雄辩；行为必须考虑良善，不苟且保持敬惧。

规矩，是矫正方圆的。人虽有巧目利手，也

不如粗笨的规矩能矫正方圆。所以，巧人可以造规矩，但不能废规矩而正方圆。圣人能制定法度，但不能废法度而治国家。所以，虽有明彻的智慧、高尚的品德，违背法度而治国，就等于废除规矩来矫正方圆一样。

有一种说法：人君的威严，不是因为他的德行特别能比一切人都好，而因为他是人君，因而人们尊崇他，并不敢计较他德行的高低。因为他有杀和生的大权，比司命之神还厉害；他还有使人贫富，并使之互相供养的大权；还有使人贵贱，并使之互相服从的大权。君主就是掌握这六项权限来统治臣下的，臣下也看此六者来侍奉君主，君臣的结合，便靠这六者为媒介。这六者掌握在大臣手里一年，臣虽不忠，君主也不能夺；在太子手里一年，子虽不孝，父亲也不能夺。所以《春秋》记事，有臣杀君的，有子杀父的，就因为得此六者而君父还不知道的缘故。六项权限落在臣下手里，君主就受蒙蔽了。君主受蒙蔽，就是失其政令。所以说：令入而不出叫作"蔽"，令出而不入叫作"壅"，令出而不行叫作"牵"，令入而不能到达君主叫作"瑕"。有了牵、瑕、蔽、壅问题的君主，不是谁敢杜绝和封守他的门户，而是令不能行的缘故。这种情况之所以出现，是因为贤人不来而忠臣不用。所以，君主对于令不可以不慎重。令，是君主的大宝。

有一种说法：贤人不来叫作"蔽"，忠臣不用叫作"塞"，令而不行叫作"障"，禁而不止叫作"逆"。有了蔽、塞、障、逆问题的君主，

宋文帝

宋文帝刘义隆（407年—453年），南朝宋皇帝，小字车儿，宋武帝刘裕第三子。在位三十年，后被儿子刘劭杀害。

中国古代教育智慧

大禹

禹，姒姓，名文命，夏后氏首领，传说为帝颛顼的曾孙。相传禹治黄河水患有功，受舜禅让继帝位，是我国传说时代与尧、舜齐名的贤圣帝王。他最卓著的功绩，就是历来被传颂的治理滔天洪水，又划定中国国土为九州。后来，大禹的儿子启创建了我国第一个奴隶制国家——夏朝。因此，后人也称他为夏禹。

并不是因为谁敢杜绝和关闭他的门户，而是贤人不来，令不能行的缘故。

凡人民趋从君主，不是趋从于他口里说的什么话，而是趋从于他性情之所好。君主好勇则人民轻死，君主好仁则人民轻财，所以说上面喜爱什么，下面就一定爱好什么，而且更厉害。由此，明君知道人民一定是以君主为出发点的，所以要确立法制以自己治理自己、树立礼仪以自己规正自己。所以，上面不以身作则，下面就不会服从，如人们不肯服从法令，不肯死于制度，国家就一定要乱了。所以，有道的君主，行法令、修制度，总是先于人民躬行实践的。

凡评定人物都有要领：骄傲的人，没有伟大人物。骄傲，就是自满；自满，就是空虚。行事有了自满与空虚，事情就会被限制。骄傲，是渺小的。凡评价人物而违背古道的，没有高士。既不知古道而轻易做出论断的，没有智士。德行未成于自身而违背古道的，是卑人。事业无根底，遇机会就简弃其业的，是愚人。猎取虚名的人，没有贤士；猎取货利的君主，没有成王业的君主。贤人立身行事，不想到要出名；成王业的君主行道，也不计较成败。贤人行事，成王业的君主行道，都是自己想停下来也不可能的。

明君以公治国统一人民来对待当世，忠臣以直道求进来表明他的才能。明君不肯私授爵禄给所爱的人，忠臣不冒充有能来猎取爵禄。君主不以私对国，大臣不冒充有能，能够这样做的，虽不能大治，也合于规正人民的准则。当前，任用冒充有能的大臣，侍奉以私对国的君主，这样而能完成功业的，从古至今都不会有。冒充有能的人是容易被识破的。我想了想先王的情况，舜有天下的时候，禹为司空，契为司徒，皋陶为治狱的官，后稷为农业的官；这四人都是天下的贤人，还仅各精一事服务于君主。现在冒充有能的人，做事当官，都是身兼四贤的职责。由此看来，功业之不成，也就容易理解了。所以，那些对高爵重禄无不接受，对势利官大无不乐从的人，用这些为君主服务，就是所谓冒充有能、篡取财利的大臣。世上没有以公治国的君主，就没有以直道求进的士人；没有识别贤能的君主，就没有成就功业的大臣。从前三代的授受天下，哪有第二个天下可供营私的呢？

劳民与伤财，莫过于用兵；危国与伤君，也没有比用兵更快的。这四者之危害是很明显的，但古往今来都不能废除。兵当废而不废，是错误的；兵不当废而废之，也是错误的。这两者之为害于国家，都是一样的。黄帝、唐尧、虞舜的盛世，资有天下，权操于一人，这时，兵备都没有废除，现今，德行不及上述三帝，天下又不太平，而求废除兵备，不是太难了吗？所以，英明的君主懂得应该专务什么、防患什么。国治而人民注意积蓄，这就是所谓专务的事；动静失宜，这就是所要防患的。因此，明君总是审慎对待所专务的事，而防其所患。

猛毅的君主，不免于外患；懦弱的君主，不免于内乱。猛毅的君主轻于杀人，轻杀的流弊，

管子的教育智慧

后稷

古代周族的始祖。其善于种植各种粮食作物，曾在尧舜时代当农官，教民耕种，被认为是开始种稷和麦的人。

孙皓

孙皓（242年—284年），字元宗，三国时期东吴的第四代君主，也是东吴的最后一位皇帝。280年晋灭吴，孙皓本人也成了晋武帝的俘虏。

就是使行正道者不安全。行正道者不安全，有才能之臣就要出亡国外。这些智者知道我们的虚实，为敌国谋取我们，外患就从此到来了。所以说，猛毅的君主不免于外患。懦弱的君主姑息刑杀，姑息刑杀的错误，就是使行邪道者不改正；行邪道者久而不改，群臣就结党营私；群臣结党营私，就隐君之善而扬君之恶；隐善扬恶，内乱就从此发生了。所以说，懦弱的君主，不免于内乱。

明君不为至亲危害他的国家政权，关怀国家政权甚于关怀至亲；不为个人私欲改变法令，尊重法令甚于尊重人君；不为重宝分让权力，看重权力甚于看重宝物；不为爱民削弱法度，爱法更甚于爱民。

【故事】

孙皓失国

三国时期，吴国的最后一位皇帝孙皓残暴专横，为求得自己的安乐经常滥杀无辜、荒淫无度。宫女已有好几千人，还向民间掠夺美女；又用剥面皮、凿眼睛等酷刑任意杀人。对外任意兴兵扩张，使军队的人数占百姓人数的十分之一，军费开支庞大，根本不考虑国家经济的发展，不考虑百姓的死活，国力一天天衰败了。

264年，三十八岁的陆抗担任镇军大将军。陆抗是东吴名将陆逊之子，二十岁时就被任命为建武校尉。当时，东吴的朝政非常腐败，孙皓荒淫暴虐，陆抗对孙皓的所作所为非常不满，多次上书，劝谏他对外加强防守、对内改善政治，以增强国力。他曾在奏疏中一次陈述当前应做的事达十六件之多。但是，孙皓对他的建议置之不理。尽管东吴内政混乱不堪，但由于陆抗谋略过人、善于用兵，因此令一直虎视东吴而欲南下一统中国的晋朝也无可奈何。

272年，镇守西陵的吴将步阐投降晋朝。陆抗得知后，立即率军征讨步阐。他知道晋军一定会来接应步阐，因此命令军民在西陵外围修筑起一道坚固的围墙。吴将多次要求攻打西陵，但陆抗总是不许。等到工事完成，晋军已经赶到西陵接应步阐，陆抗率军击退来援的晋军，再向西陵发起猛攻，很快便攻进城内，将叛将步阐杀死。

当时，晋朝的车骑将军羊祜镇守襄阳。他见陆抗能攻善守，知道要打败东吴并不容易，因此对东吴采取了和解的策略：部下掠夺了东吴的孩子，他下令放回；行军到东吴边境，收割了东吴方面的庄稼，就送绢帛给东吴作为抵偿；猎获的禽兽已被吴人打伤，就送还给东吴。陆抗明白羊祜的用意，也用同样的态度对待晋商。两人还经常派使者往来，互相表示友好。因此，吴、晋一部分边境地带一时出现了和好的局面。

孙皓听说那里的边境和好，很不高兴，派人责问陆抗。陆抗回话说："一乡一县尚且不能没有信义，何况是大国呢！我如果不这样做，反而会显出羊祜很有威德，对他没有什么损害。"

孙皓听了，无话可说，但他还是想出兵攻晋。陆抗见军队不断出动，百姓精疲力竭，便向孙皓上书。

陆抗

陆抗（226年—274年），字幼节，陆逊次子，三国末期吴国著名军事家。

中国古代教育智慧

晋武帝

晋武帝司马炎（236年—290年），字安世。晋朝的开国君主，谥号武皇帝，庙号世祖，葬峻阳陵。266年，司马炎逼迫魏元帝曹奂禅让，即位为帝，国号晋。280年灭孙吴，自此黄巾之乱以来的分裂局势暂时获得统一，但罢废州郡武装、大肆分封宗室、允许诸王自选长吏和按等置军与无法处理少数民族内迁问题等等，为日后的"八王之乱"与"永嘉之乱"埋下了伏笔。

他说："现在，朝廷不从事富国强兵，加紧农业生产，储备粮食，让有才能的人发挥作用，使各级官署不荒怠职守，严明升迁制度以激励百官，审慎实施刑罚以警戒百姓，用道德教导官吏，以仁义安抚百姓，反而听任众将追求名声，用尽所有兵力，好战不止，耗费的资财动以万计，士兵疲劳不堪。这样，敌人没有削弱，而我们自己倒像是生了一场大病。"

陆抗还郑重指出，吴、晋两国实力不同，今天即使出兵获胜也会得不偿失。所以，应该停止用兵，积蓄力量，以待时机。

但是，孙皓对陆抗的这些忠告都听不进去。后来陆抗去世，晋军讨伐东吴，沿着长江顺流东下，势如破竹，吴主孙皓出城受降，吴国终于被晋所灭。

十五、戒第

【原文】

桓公将东游，问于管仲曰："我游①犹轴转斛，南至琅邪。司马曰：'亦先王之游已，'何谓也？"管仲对曰："先王之游也，春出，原农事之不本者，谓之'游'。秋出，补人之不足者，谓之'夕'。夫师行而粮食其民者，谓之'亡'。从乐而不反者，谓之'荒'。先王有游夕之业于人，无荒亡之行于身。"

桓公退，再拜命曰："宝法也！"管仲复于桓公曰："无翼而飞者，声也；无根而固者，情也；无方而富者，生也。公亦固情谨声，以严尊生，此谓道之荣。"桓公退，再拜："请若此言。"管仲复于桓公曰："任之重者莫如身，途之畏者莫如口，期而远者莫如年。以重任行畏途，至远期，唯君子乃能矣。"

桓公退，再拜之曰："夫子数以此言者教寡人。"管仲对曰："滋味动静，生之养也；好恶、喜怒、哀乐，生之变也；聪明当物，生之德也。是故圣人齐滋味而时动静，御正六气之变，禁止声色之淫，邪行亡乎体，违言不存口，静无定生，圣也。仁从中出，义从外作。仁故不以天下为利，义故不以天下为名。仁故不代王，义故七十而致政。是故圣人上德而下功，尊道而贱物。道德当身，故不以物惑。是

齐桓公

中国古代教育智慧

管仲

故身在草茅之中，而无慑意；南面听天下，而无骄色。如此，而后可以为天下王。所以谓德者不动而疾，不相告而知，不为而成，不召而至，是德也。故天不动，四时云而万物化；君不动，政令陈下而万功成；心不动，使四肢耳目而万物情。寡交多亲，谓之知人。寡事成功，谓之知用。闻一言以贯万物，谓之知道。多言而不当，不如其寡也；博学而不自反，必有邪。孝弟者，仁之祖也；忠信者，交之庆也。内不考孝弟，外不正忠信，泽②其四经而诵学者，是亡其身者也。"

桓公明日弋③在廪，管仲、隰朋朝。公望二子，弛弓脱釬而迎之曰："今夫鸿鹄，春北而秋南，而不失其时，夫唯有羽翼以通其意于天下乎？今孤之不得意于天下，非皆二子之忧也？"

桓公再言，二子不对。桓公曰："孤既言矣，二子何不对乎？"管仲对曰："今夫人患劳，而上使不时；人患饥，而上重敛焉；人患死，而上急刑焉。如此，而又近有色而远有德，昌鸿鹄之有翼，济大水之有舟楫也，其将若君何？"

桓公蹴然逸遁。管仲曰："昔先王之理人也，盖人有患劳而上使之以时，则人不患劳也；人患饥而上薄敛焉，则人不患饥矣；人患死而上宽刑焉，则人不患死矣。如此，而近有德而远有色，则四封之内视君其犹父母邪！四方之外归君其犹流水乎！"

公辍射,援绥④而乘。自御,管仲为左,隰朋参乘。朔月三日,进二子于里官,再拜顿首曰:"孤之闻二子之言也,耳加聪而视加明,于孤不敢独听之,荐之先祖。"管仲、隰朋再拜顿首曰:"如君之王也,此非臣之言也,君之教也。"

于是,管仲与桓公盟誓为令曰:"老弱勿刑,参宥而后弊。关几而不正,市正而不布。山林梁泽,以时禁发而不正也。"草封泽盐者之归之也,譬若市人。三年教人,四年选贤以为长,五年始兴车践乘。遂南伐楚,门傅施城。北伐山戎,出冬葱与戎叔,布之天下。果三匡天子而九合诸侯。

桓公外舍而不鼎馈,中妇诸子⑤谓宫人:"盍不出从乎?君将有行。"宫人皆出从。公怒曰:"孰谓我有行者?"宫人曰:"贱妾闻之中妇诸子。"公召中妇诸子,曰:"女焉闻吾有行也?"对曰:"妾人闻之,君外舍而不鼎馈,非有内忧,必有外患。今君外舍而不鼎馈,君非有内忧也,妾是以知君之将有行也。"公曰:"善。此非吾所与女及也,而言乃至焉,吾是以语女。吾欲致诸侯而不至,为之奈何?"中妇诸子曰:"自妾之身之不为人持接也,未尝得人之布织也,意者更容不审耶?"

明日,管仲朝,公告之。管仲曰:"此圣人之言也,君必行也。"

管仲寝疾,桓公往问之,曰:"仲父之疾

管子的教育智慧

鲍叔牙

鲍叔牙(生卒年不详),字叔牙,又称鲍叔,春秋时齐国大夫,以知人而著称。少时与管仲友善,曾一起经商。齐襄公乱政,鲍叔牙随公子小白出奔至莒国,管仲则随公子纠出奔鲁国。齐襄公被杀,纠和小白争夺君位,小白得胜即位,即齐桓公。桓公囚管仲,鲍叔牙举荐管仲代替自己的职位,并甘居于管仲之下,齐国从此日渐强盛。

中国古代教育智慧

年画 齐桓公举火爵宁戚

宁戚,生卒年不详,春秋莱棠邑(今青岛平度)人,一说是卫国(今河南境内)人,早年怀经世济民之才而不得志。齐桓二十八年(前685年)拜为大夫,后长期任齐国大司田,为齐桓公的主要辅佐者之一。

甚矣,若不可讳也。不幸而不起此疾,彼政我将安移⑥之?"管仲未对。桓公曰:"鲍叔之为人何如?"管子对曰:"鲍叔,君子也,千乘之国,不以其道予之,不受也。虽然,不可以为政。其为人也,好善而恶恶已甚,见一恶终身不忘。"桓公曰:"然则孰可?"管仲对曰:"隰朋可。朋之为人,好上识而下问。臣闻之,以德予人者谓之仁,以财予人者谓之良。以善胜人者,未有能服人者也,以善养人者,未有不服人者也。于国有所不知政,于家有所不知事,必则朋乎!且朋之为人也,居其家不忘公门,居公门不忘其家,事君不二其心,亦不忘其身。举齐国之币,握路家五十室,其人不知也。大仁也哉,其朋乎!"

公又问曰:"不幸而失仲父也,二三大夫者,其犹能以国宁乎?"管仲对曰:"君请矍已乎?鲍叔牙之为人也好直,宾胥无之为人也好善,宁戚之为人也能事,孙在之为人也善言。"

公曰:"此四子者,其孰能一人之上也?寡人并而臣之,则其不以国宁,何也?"对曰:"鲍叔之为人好直,而不能以国诎⑦;宾胥无之为人也好善,而不能以国诎;宁戚之为人能事,而不能以足息;孙在之为人善言,而不能以信默。臣闻之,消息盈虚,与百姓诎信,然后能以国宁勿已者，朋其可乎？朋之为人也，动必量力，举必量技。"

言终，喟然而叹曰："天之生朋，以为夷吾舌也，其身死，舌焉得生哉！"管仲曰："夫江、黄之国近于楚，为臣死乎，君必归之楚而寄之；君不归，楚必私⑧之。私之而不救也，则不可；救之，则乱自此始矣。"桓公曰："诺。"管仲又言曰："东郭有狗嗥嗥⑨，旦暮欲啮我，猳⑩而不使也。今夫易牙，子之不能爱，安能爱君？君必去之。"公曰："诺。"

管子又言曰："北郭有狗嗥嗥，旦暮欲啮我，猳而不使也。今夫竖刁，其身之不爱，焉能爱君？君必去之。"公曰："诺。"管子又言曰："西郭有狗嗥嗥，旦暮欲啮我，猳而不使也。今夫卫公子开方，去其千乘之太子而臣事君，是所愿也得于君者是将欲过其千乘也。君必去之。"桓公曰："诺。"管子遂卒。卒十月，隰朋亦卒。

桓公去易牙、竖刁、卫公子开方。五味不至，于是乎复反易牙。宫中乱，复反竖刁。利言卑辞不在侧，复反卫公子开方。桓公内不量力，外不量交，而力伐四邻。公薨，六子皆求立。易牙与卫公子内与竖刁，因共杀群吏，而立公子无亏。故公死七日不殓，九月不葬。孝公奔宋，宋襄公率诸侯以伐齐，大败齐师，杀公子无亏，立孝公而还。襄公立十三年，桓公立四十二年。

管子的教育智慧

宋襄公

子姓，名兹甫（？—前637年），春秋五霸之一，为宋国君主。周襄王十年（前642年）助齐国平定内乱，拥立齐孝公，襄公因此小有名气。平定齐乱后宋襄公雄心勃勃，想继承齐桓公的霸业。周襄王十四年（前638年）宋与楚战于泓水（今河南柘城），结果宋军大败，次年宋襄公因重伤而卒，其子宋成公王臣即位。

齐桓公

【注释】

①游：出游。

②泽：离开。

③弋：射。用带绳子的箭狩猎。

④绥：登车的绳索。

⑤中妇诸子：古代掌教宫女之官。

⑥移：变动，改变。

⑦诎：通"屈"。弯曲。

⑧私：偏爱。

⑨喔喔：狗露齿要咬的样子。

⑩猰：通"枷"，用枷锁锁上。

【译文】

桓公准备东游，问管仲说："我这次出游，想要东起之罘，南至琅邪。司马却提出意见说，也要像先王的出游一样。这是什么意思呢？"管仲回答说："先王的出游，春天外出，调查农事上经营有困难的，叫作'游'；秋天外出，补助居民中生活有不足的，叫作'夕'。那种人马出行而吃喝老百姓的，则叫作'亡'；尽情游乐而不肯回来的，则叫作'荒'。先王对人民有游夕的事务，自己却从没有'荒''亡'的行为。"

桓公退后拜谢说："这是宝贵的法度。"管仲又对桓公说："没有羽翼而能飞的是语言，没有根底而能巩固的是感情，没有地位而尊贵的是心性。您也应巩固感情、谨慎言语，以严守尊贵的心性。这就叫道的发扬。"桓公退而表示感谢说："愿从此教。"管仲又对桓公说："负担重莫如身体，经历险莫如口舌，时间长莫如年代。负重任，行险路，长期坚持，唯君子才能做到。"

桓公退后再拜说："夫子快把这方面的言论教给我。"管仲回答说："饮食作息，是心性的保养；好恶、喜怒、哀乐，是心性的变化；聪明处事，是心性的德能。因此，圣人总是调节饮食而安排作息，控制六气的变化，禁止声色的侵蚀，身上没有邪僻的行为，口中没有背理的言论，静静地安定着心性，这就是所谓圣人。仁是从心里发出的，义是在外面实行的。仁，所以不利用天下谋私利；义，所以不利用天下猎私名。仁，所以不肯取代他人而自立为王；义，所以年到七十而交出政务。因此，圣人总是以德为上而功业在下，重视道而贱视物利。道德在身，所以不被物利所诱惑。因此，即使是身在茅舍之中，也毫无惧色；坐南面而治天下，也没有骄傲之态。这然后才可以成为天下之王者。其所以叫作有德，就是不必发动，人们也知有所努力；不用言语，人们也能够理解；不自为，事情也能成；不召唤，人们也能到。这就是德的作用。所以，天不用动，经过四时的运行，下面就万物化育；君不用动，经过政令的发布，下面就万事成功；心不用动，经过四肢耳目的使用，万事万物都可感知其意图。交游少而亲者多的，叫作知人。用力少而成效好的，叫作会办事。听一言就能够贯通万物的，叫作懂得道。多言而不得当，不如少言；博学而不会反省，一定会产生邪恶。孝悌是

齐桓公、管仲等君臣宴饮

中国古代教育智慧

葵丘会盟

葵丘会盟，又称葵丘之会、葵丘之盟。公元前651年，齐桓公在葵丘，召集鲁国、宋国、卫国、郑国、许国、曹国等国相会结盟，周襄王派宰孔参加，并赐王室祭祀祖先的祭肉给齐桓公。这表示周天子承认了齐桓公的霸主地位，标志着齐国的霸业达到了顶峰。

仁的根本，忠信是交游的凭借。内不思考孝悌，外不正行忠信，离开这四条原则而空谈学问，是会自亡其身的。"

第二天，桓公在米仓附近狩猎，管仲、隰朋同来朝见。桓公看到两人以后，收弓脱铠而迎上去说："那些鸿鹄，春天北飞秋天南去而不误时令，还不是因为两只翅膀的帮助才能在天下畅意飞翔吗？现在我不得意于天下，难道不是你们两位的忧虑吗？"

桓公又说了一遍，两人都没有回答。桓公说："我既说了，两位怎么不回答呢？"管仲回答说："现在人民忧虑劳苦，而国君却不断地使役他们；人民忧虑饥饿，而国君却加重他们的赋税；人民忧虑死，而国君却加紧用刑。这样，再加上亲近女色，疏远有德之士，虽然像鸿鹄之有双翼，过河之有舟楫，对国君能有什么作用呢？"桓公谦恭局促而不知所措。管仲说："从前先王治理人民，看人民忧虑劳苦，国君就限定时间使役，人们就不忧虑劳苦了；见人民忧虑饥饿，国君就轻收赋税，人民就不忧虑饥饿了；见人民忧虑死，国君就宽缓用刑，人民就不忧虑死了。这样，再加上亲近有德行的人而远女色，那么，四境之内，对待君主就像父母一样；四境之外，归附君就像流水一般了！"

桓公立刻终止打猎，拉着车绳上车了。他亲自驾车，管仲坐在左边，隰朋在右边陪乘。他斋戒三天以后，把两人接进供奉祖先的庙堂里，顿首拜谢说："我听到你们两个的话，耳更加聪，目更加明了,我不敢自己独听这些话,要同时推荐给先祖也听到。"管仲、隰朋顿首拜谢说:"有像您这样的国君,这些话不能算是我们的言论,而应该归之于您的教导。"于是,管仲与桓公宣誓下令说:"老弱不处刑,犯罪者经过三次宽赦以后再治罪。关卡只稽查而不征税,市场只设官而不收钱,山林水泽,按时封禁和开放而不征赋税。"结果垦草成封、就泽而盐的人们,其归附之众,像集市一样。用三年训练人民,第四年,选拔贤能以配备官吏,第五年开始出动兵车。南伐楚国,靠近方城。又北伐山戎,拿出冬葱与胡豆等物,播于天下。果然成就了三次匡扶天子而九次召集诸侯的霸业。

桓公曾在外面住宿而没有列鼎进食,内官中妇诸子对宫女说:"你们还不出来侍奉吗?君王将要外出了。"宫女们都出来侍奉桓公。桓公发怒说:"谁说我要外出的?"宫女们说:"我们是听中妇诸子讲的。"桓公把中妇诸子召来说:"你怎么知道我要外出呢?"回答说:"据我所知,您凡出宿于外而不列鼎进食,不是有内忧,就是有外患。现在您出宿外舍而不列鼎进食,既然没有内忧,所以我知道您一定将要外出了。"桓公说:"好,这本来不是我要说给你的,但你的话却说到这里了,所以我就告诉你吧。我想召集各国诸侯,而人家不到,该怎么办呢?"中妇诸子回答说:"我本人不去做服侍别人的事,别人也就不会给我做衣服。是不是您还有使诸侯不至的原由在内呢?"

管子的教育智慧

管仲与鲍叔牙

中国古代教育智慧

宁戚饭牛图

第二天，管仲上朝，桓公把这事告诉了他。管仲说："这真是圣人的话，您必须照着办。"

管仲卧病，桓公去慰问，说："仲父的病很重了，这是毋需讳言的。假设不幸此病不愈，国家大政我将转托给谁呢？"管仲没有回答。桓公说："鲍叔牙的为人怎样？"管仲回答说："鲍叔是个君子。即使千辆兵车的大国，不以其道送给他，他都不会接受的。但是，他不可托以国家大政。他为人好善，但憎恶恶人太过分，见一恶终身不忘。"桓公说："那么谁行？"管仲回答说："隰朋行。隰朋的为人，有远大眼光而又虚心下问。我认为，给人恩惠叫作仁、给人财物叫作良。用做好事来压服人，人们也不会心服；用做好事来熏陶人，人们没有不心服的。治国有有所不管的政务，治家有有所不知的家事，这只有隰朋能做到。而且，隰朋为人，在家不忘公事，在公也不忘私事；事君没有二心，也不忘其自身。他曾用齐国的钱救济过路难民五十多户，而受惠者不知道是他。称得上大仁的，还不是隰朋吗？"

桓公又问："我不幸而失去仲父，各位大夫还能使国家安宁吗？"管仲回答说："请您衡量一下本国吧！鲍叔牙的为人，好直；宾胥无的为人，好善；宁戚的为人，能干；曹孙宿的为人，能说。"

桓公说："这四人，谁能得到一个？他们都是上等人才。现在我全都使用了，还不能使国家安宁，那是什么缘故呢？"回答说："鲍叔牙的为人好直，但不能为国家而牺牲其好直；宾胥无的为人好善，但不能为国家而牺牲其好善；宁戚的为人能干，但不能适可而止；曹孙宿的为人能说，但不能取信以后就及时沉默。据我所知，按照消长盈亏的形势，与百姓共屈伸，然后能使国家安宁长久的，还不是隰朋才行吗？隰朋为人，行动一定估计力量，举事一定考虑能力。"

管仲讲完话，深叹了一气说："上天生下隰朋，本是为我作'舌'的，我身体死了，舌还能活着吗？"管仲还说："江、黄两个国家，离楚很近，如我死了，您一定要把它们归还给楚国。您如不归还，楚国一定要吞并。它吞并而我不救，那不对；要去救，祸乱就从此开始了。"桓公说："好。"

管仲又说道："东城有一只狗，动唇露齿，一天到晚，准备咬人，是我用木枷枷住而没有使它得逞。现在的易牙，自己的儿子都不爱，怎么能爱君？您一定要去掉他。"桓公说："好。"管子又说道："北城有一只狗，动唇露齿，一天到晚准备咬人，是我用木枷枷住而没有使之得逞。现在的竖刁，自己的身体都不爱，怎能爱君？您一定要去掉他。"桓公说："好。"管子又说道："西城有一只狗，动唇露齿，一天到晚准备咬人，是我用木枷枷住而没有使它得逞。现在的卫公子开方，弃掉千乘之国的太子之位来臣事于您。这就说明他的欲望是：从您身上得到的，将远超过一个千乘的国家。您一定要去掉他。"桓公说："好。"管子死了。死后十个

管仲墓

齐桓公

月，隰朋也死了。

桓公免去易牙、竖刁和卫公子开方。但由于吃东西五味不佳，于是又把易牙召了回来；由于宫中作乱，又召回竖刁；由于没有甜言蜜语在耳边，又召回卫公子开方。桓公内不量国力、外不计国交，而征伐四邻。桓公死后，六子都求立为君。易牙和开方勾结竖刁，共杀百官，拥立公子无亏。所以，桓公死后六十七天没有入殓，九个月没有安葬。齐孝公跑到宋国，宋襄公率诸侯伐齐，大败齐军，杀掉公子无亏，立了齐孝公而回。宋襄公共立十三年，齐桓公立四十二年。

【故事】

齐桓公之死

纵观一代贤君，春秋五霸之首齐桓公的一生，他的前半生，重用管仲、宁戚、鲍叔牙等一大批真贤，完成了其轰轰烈烈的大事业。然而就是纵横天下的英雄齐恒公却是生生被饿死，并且死后还因为六子争位，六十七天之久不下葬，尸首暴臭生蛆，从而成为了历史上死得最窝囊的国君。

齐桓公，姜姓，吕氏，名小白，公元前686年与公子纠争夺君位取得胜利，做了齐国国君，也就是齐桓公。即位后的齐桓公不计较管仲的一箭之仇，拜管仲为相国，以仲父事之。在管仲的辅佐下于齐国实行全面改革，使得国力迅速强盛；在外交上，齐桓公首先打出"尊王攘夷"的旗号，借以团结中原各诸侯，受到中原各诸侯的信赖。他曾九次召集诸侯会盟,充任盟主达四十年之久,成为春秋时期最有实力的第一个盟主。

经过四十年的苦心经营,使得齐国由一个海滨蛮夷之地变为春秋各国中最富有的国家,并挟持了周天子,文治武功盛极一时。

齐恒公身边有三个宠臣,即开方、易牙和竖刁。管仲要死了,齐桓公问他:"君百年以后何人可以代之?"

"开方原本是卫国公子,因齐国强盛,竟自己放弃了储君的高位,甘做齐国臣子。前年其父母死了,他都没有回国,然而他看见寡人病了却忧伤地留下了眼泪,其爱寡人胜过了爱其父母,他可以代君之位吗?"

易牙竖刁乱国

管仲回答:"父母乃天下至亲,天下无有亲过父母者也,一个连其父母也不爱的人,你能让他爱国君,爱齐国吗?"

易牙是齐桓公的厨师,一次桓公说:"山珍海味我都吃腻了,只是没吃过人肉,不知人肉的味道什么样?"桓公此言本是无心的戏言,而易牙却把这话牢记在心,一心想着怎样能做顿人肉宴给桓公吃,好博得桓公的欢心。后来他看见自己的儿子,就把儿子杀了给桓公做人肉宴,桓公在一次午膳上吃到一盘鲜嫩无比、从未吃过的肉菜。当桓公得知这是易牙儿子的肉时,内心很是不舒服,却被易牙杀子为自己食的行为所感动,认为易牙爱他胜过亲骨肉,从此桓公开始宠信易牙。

管仲说:"儿女乃自己之骨血,一个连自己

中国古代教育智慧

宋襄公拥立齐孝公

的骨血也不珍惜的人能爱自己的君主吗？"

竖刁，是齐国人，少年时即进宫侍奉齐桓公，他出身贫寒，却聪明伶俐，先是做齐桓公的外侍，后为桓公所注意，调为内侍。与桓公接触多了，竖刁留心观察桓公的生活习性和内心需要，了解了桓公的喜好后，竖刁事事投其所好，满足桓公的需要，桓公经常会夸奖他，久而久之，他就成为了桓公离不开的人了。

而管仲却说："人有很多欲望，一个连自己的身体都不爱惜的人，你能让他爱惜自己的国君吗？"

齐桓公牢记管仲之言，整顿吏治，铲除腐败，将易牙等小人赶出了宫。

可是不久齐桓公生了病，无人来诊治；也没人会烹调，吃的东西没滋味；宫里又无人管理，弄得乱糟糟的。他实在没了主意，就叹息说："圣人像管夷吾这样的人，也有过错呀！"他不怨自己处事无方，却怨起管仲来。过了一段时间，桓公又起用了易牙等人。

桓公四十三年，他重病不起。易牙、竖刁见齐桓公将不久于人世，就堵塞宫门，假传君命，不许任何人进去，一个名满天下的英雄竟然活活被他们饿死。

管子的教育智慧

一代霸主齐桓公死于宫中,宫外的诸公子立即刀兵相见,以至于王宫的人,不管是太监还是宫女、嫔妃,除了能逃走的,其余的都被杀死,齐桓公的死尸横放床上六十七天没有人装殓。一天,有人从齐桓公的寿宫门前经过,见地上蠕蠕乱动爬着许多白色的蛆虫,大家才惊慌起来。正好这时候公子无亏争位得胜了,被立为齐君。他这才命人抬了棺木来,把桓公入殓。齐桓公因此被史学家称为中国历史上死得最窝囊的国君。

春秋战车

第二年三月,宋襄公率领诸侯兵送太子昭回国,齐人又杀了作乱的公子无亏,立太子昭为君,即齐孝公。经过这场内乱,齐国的霸业开始衰落,中原霸主的权力逐渐转移到了晋国。

中国古代教育智慧

春秋战国复原图

十六、权修

【原文】

万乘①之国，兵不可以无主；土地博大，野不可以无吏；百姓殷众，官不可以无长；操民之命，朝不可以无政。

地之生财有时，民之用力有倦，而人君之欲无穷。以有时与有倦，养无穷之君，而度量不生于其间，则上下相疾也。是以臣有杀其君，子有杀其父者矣。故取于民有度，用之有止，国虽小必安；取于民无度，用之不止，国虽大必危。

地之不辟者，非吾地也；民之不牧者，非吾民也。凡牧民者，以其所积者食之，不可不审也。其积多者其食多，其积寡者其食寡，无积者不食。或有积而不食者，则民离上；有积多而食寡者，则民不力；有积寡而食多者，则民多诈；有无积而徒食者，则民偷幸；故离上、不力、多诈、偷幸，举事不成，应敌不用。故曰：察能授官，班禄赐予，使民之机也。

野与市争民，家与府争货，金与粟争贵，乡与朝争治。故野不积草，农事先也；府不积货，藏于民也；市不成肆，家用足也；朝不合众，乡分治也。故野不积草，府不积货，市不成肆，朝不合众，治之至也。

人情不二，故民情可得而御也。审其所好恶，则其长短可知也；观其交游，则其贤不肖

·138·

可察也；二者不失，则民能可得而官也。

商贾在朝，则货财上流；妇言人事，则赏罚不信；男女无别，则民无廉耻。货财上流，赏罚不信，民无廉耻，而求百姓之安难，兵士之死节，不可得也。上好诈谋闲欺，臣下赋敛竞得，使民偷壹，则百姓疾怨，而求下之亲上，不可得也。有地不务本事，君国不能壹民，而求宗庙社稷之无危，不可得也。上恃龟筮，好用巫医，则鬼神骤祟②。故功之不立，名之不章③，为之患者三：有独王者，有贫贱者，有日不足者。

一年之计，莫如树谷；十年之计，莫如树木；终身之计，莫如树人。一树一获者，谷也；一树十获者，木也；一树百获者，人也。我苟种之，如神用之，举事如神，唯王之门。

【注释】

①万乘：指天子。周制，天子地方千里，出兵车万乘，诸侯地方百里，出兵车千乘，故称天子为"万乘"。

②祟：作祟。

③章：显示，表明。

【译文】

万辆兵车的大国，军队不可以没有统帅；领土广阔，农田不可以没有官吏；人口众多，官府不可无常法；掌握着人民的命运，朝廷不可无政令。

土地生产财富，受时令的限制；人民花费劳力，有疲倦的时候；但是人君的欲望则是无止境的。以"生财有时"的土地和"用力有倦"的人民来供养欲望无穷的君主，这中间若没有一个合

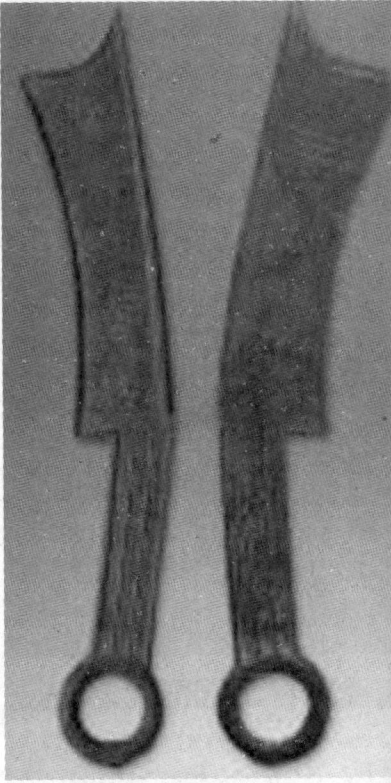

齐国货币

中国古代教育智慧

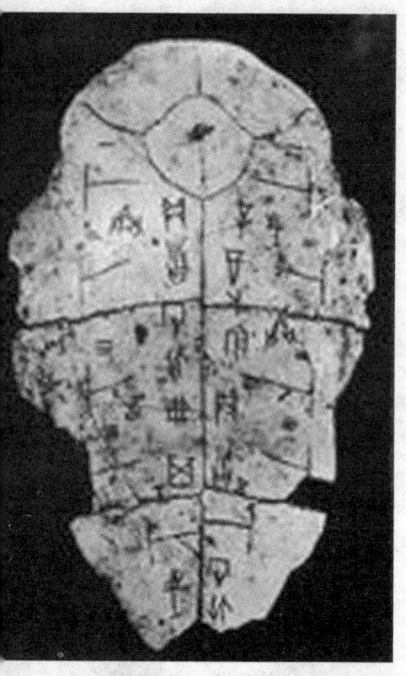

龟甲占卜文

理的限度，上下之间就会互相怨恨，于是臣杀其君、子杀其父的现象便产生了。因此，对人民征收有度，耗费又有节制的，国家虽小也一定安宁；对人民征收无度，耗费没有节制的，国家虽大也一定危亡。

有土地而不开辟，等于不是自己的土地；有人民而不治理，等于不是自己的人民。凡是治理人民，对于按劳绩给予禄赏的问题，不可不审慎从事。劳绩多的禄赏多，劳绩少的禄赏少，没有劳绩的就不给予禄赏。如果有劳绩而没有禄赏，人们就会离心离德；劳绩多而禄赏少，人们就会不努力工作；劳绩少而禄赏多，人们就会弄虚作假；无劳绩而空得禄赏，人们就会贪图侥幸。凡是离心离德、工作不力、弄虚作假、贪图侥幸的，举办大事不会成功，对敌作战也不会尽力。所以说，根据人的能力授予官职，按照劳绩差别赐予禄赏，这是用人的关键。

农田与市场往往争劳力，民家与官府往往争财货，货币与粮食往往争贵贱，地方与朝廷往往争治理权限。所以，让田野不积杂草，就应把农业放在首位；让官府不积财货，就应把财富藏于民间；让市场店铺不成行列，就需要做到家用自足；让朝廷不聚众议事，就需要做到分权到乡。田野无杂草，官府无积货，市场店铺不成行列，朝廷不聚众议事，这些都是治国的最高水平。

人的本性没有什么两样，所以，人的思想性情是可以掌握的。了解他喜欢什么和厌恶什么，就可以知道他的长处和短处；观察他同什么样的人交往，就能判断他是好人还是坏人。把握住这两点，就能够对人民进行管理了。

商人在朝中掌权，财货贿赂就流往上层；妇人参与政事，赏功罚过就不能准确；男女没有界限，人民就会不知廉耻。在货财上流、赏罚不信、民无廉耻的情况下，要求百姓为国家甘冒危难、兵士为国家献身死节，是办不到的。君主好搞阴谋欺诈，官吏征收苛捐杂税，使役人民只图一时之快，以致百姓怨恨，这样，要求人民亲近君主是办不到的。拥有土地而不注重农业，统治国家而不能统一号令人民，这样，要求国家不发生危机，是办不到的。君主行事依靠求神问卜，好用巫医，这样，鬼神反而会经常作起怪来。总之，功业不成，名声不显，将产生三种祸患：一是养成独断专横的君主，二是成为贫穷卑贱的君主，三是成为政务混乱、整日里疲于奔命的君主。

作一年的打算，最好是种植五谷；作十年的打算，最好是种植树木；作终身的打算，最好是培育人才。种谷，是一种一收；种树，是一种十收；培育人才，则是一种百收的事情。如果我们注重培养人才，其效用将是神奇的；而如此举事收得神效的，只有王者之门才能够做到。

【故事】

汉武帝信巫术害妻儿

汉武帝晚年十分奢侈，常常大兴土木，以致国库空虚。汉武帝还喜欢任用酷吏，加重刑罚，从

汉武帝

中国古代教育智慧

汉武帝

来也不把杀人当作一回事。而太子刘据则经常劝他与民休息，尽量减轻老百姓的负担，实行宽厚仁慈的政策。汉武帝逐渐对刘据产生了不满和怨恨。

除了太子刘据外，汉武帝后来还有五个儿子。在这六个儿子里面，汉武帝最喜欢的是小儿子刘弗陵。汉武帝经常夸耀刘弗陵像自己，甚至打算废了太子刘据而改立刘弗陵做太子。

这时江充受到武帝的重用。江充与太子及卫皇后不和，恐怕将来太子即位后会诛杀他，便想到利用当时闹出几宗大案的"巫蛊之术"来制造阴谋。

当时京城的"巫蛊术"十分盛行。所谓巫蛊，就是人们制作木头人，在上面刻上仇家的姓名，然后再放到地下或者放在房子里，日夜诅咒。据他们说，这样诅咒下去，就可以让对方遭殃，自己得福。这种"巫蛊术"，也传进了皇宫。那些怨恨皇帝、皇后和其他人的美人、宫女，也纷纷埋藏木头人，偷偷地诅咒起来。

汉武帝对这一套很迷信。有一天中午，他正躺在床上睡觉，忽然梦见几千个手持棍棒的木头人朝他打来，把他给吓醒了。他以为有人在诅咒他，立即派江充去追查。

江充是一个心狠手辣的家伙，他找了不少心腹，到处挖掘木头人，并且还用烧红了的铁器钳人、烙人，强迫人们招供。不管是谁，只要被江充扣上"诅咒皇帝"的罪名，就不能活命。没过多少日子，他就诛杀了好几万人。

在这场惨案中，丞相公孙贺一家，还有卫皇后的女儿阳石公主、诸邑公主都被汉武帝斩杀了。江充见汉武帝居然可以对自己的亲生女儿下毒手,就更加放心大胆地干了起来。他让巫师对汉武帝说:"皇宫里有人诅咒皇上,蛊气很重,若不把那些木头人挖出来,皇上的病就好不了。"

于是,汉武帝就委派江充带着一大批人到皇宫里来挖掘木头人。他们先从跟汉武帝疏远的后官开始,一直搜查到卫皇后和太子刘据的住室,屋里屋外都给掘遍了,也没找到一块木头。

为了陷害太子刘据,江充趁别人不注意,把事先准备好的木头人拿出来,大肆宣扬说:"在太子宫里挖掘出来的木头人最多,还发现了太子书写的帛书,上面写着诅咒皇上的话。我们应该马上奏明皇上,办他的死罪。"

汉武帝画像

刘据见江充故意陷害自己,立即亲自到甘泉宫去奏明皇上,希望能得到皇上的赦免。而江充害怕刘据向汉武帝揭穿了自己的阴谋,赶紧派人拦住刘据的车马,说什么也不放他走。刘据被逼得走投无路,只好让一个心腹装扮成汉武帝派来的使者,把江充等人监押了起来。

刘据指着江充骂道:"你这个奸臣,现在还想挑拨我们父子的关系吗?"说完,刘据就借口江充谋反,命武士将他斩首示众。

同时为预防不测,太子刘据急忙派人通报给卫皇后,调集军队来保卫皇宫。而这时,宦官苏文等人逃了出去,报告汉武帝说是太子刘据起兵造反。汉武帝信以为真,马上下了一道诏书,下令捉拿太子。

不得已刘据只好打开武库,并把京城里的囚

中国古代教育智慧

汉宣帝

汉宣帝刘询（前91年—前49年），本名刘病已，字次卿，又字谋，即位后改名刘询。他是汉武帝刘彻嫡曾孙、戾太子刘据孙、史皇孙刘进子。谥号孝宣皇帝，庙号中宗，逝后葬于杜陵。

犯武装起来，抵抗前来镇压"造反"的军队。并想调集胡人军团与北军，结果胡人军团被汉武帝调集镇压太子叛乱，北军监护使者任安受了太子的印后闭门不出。太子向城里的文武百官宣布："皇上在甘泉宫养病，有奸臣起来作乱。"这样一来，城里的官民不知道究竟是谁在造反，就更加混乱起来。

双方在城里混战了四五天，死伤了好几万人，大街上到处都是尸体和血污。结果，刘据被打败，只好赶紧带着他的两个儿子前往南门，守门官出仁放太子逃出长安，最后跑到湖县（今河南灵宝西）的一个老百姓家里躲藏了起来。

不久，新安县令李寿知道了太子的下落，就带领人马来捉拿他。刘据无处逃跑，只好在门上拴了一条绳子，上吊死了。他的两个儿子和那一家的主人，也被李寿手下的张富昌等人杀死了。

后来，汉武帝派人调查，才知道卫皇后和太子刘据从来就没有埋过木头人，这一切都是江充搞的鬼。在这场祸乱中，他死了一个太子和两个孙子，又悲伤又后悔。江充死了，他就下令灭了江充的宗族，宦官苏文也被活活烧死，其他参与此事的大臣也都被处死。

最后，汉武帝越想越难过，就派人在湖县修建了一座宫殿，叫作"思子宫"，又造了一座高台，叫作"归来望思之台"，借以寄托他对太子刘据和那两个孙子的思念之情。

后来，刘据之孙刘询在十多年后登上帝位，是为宣帝，即位后谥刘据曰"戾"，所以刘据又被称为"戾太子"。

十七、君臣上

【原文】

为人君者，修官上之道，而不言其中；为人臣者，比官中之事，而不言其外。君道不明，则受令者疑；权度不一，则修义者惑。民有疑惑贰豫之心而上不能匡，则百姓之与间，犹揭表而令之止也。是故能象其道于国家，加之于百姓，而足以饰官化下者，明君也。能上尽言于主，下致力于民，而足以修义从令者，忠臣也。上惠其道，下敦①其业，上下相希，若望参表，则邪者可知也。

吏啬夫任事，民啬夫任教。教在百姓，论在不挠，赏在信诚，体之以君臣，其诚也以守战。如此，则民啬夫之事究矣。吏啬夫尽有訾程事律，论法辟、衡权、斗斛、文劾，不以私论，而以事为正。如此，则吏啬夫之事究矣。民啬夫成教、吏啬夫成律之后，则虽有敦悫忠信者不得善也；而戏豫怠傲者不得败也。如此，则人君之事究矣。是故为人君者因其业，乘其事，而稽②之以度。有善者，赏之以列爵之尊、田地之厚，而民不慕也。杀生不违，而民莫遗其亲者，此唯上有明法，而下有常事也。

天有常象，地有常形，人有常礼。一设而不更，此谓三常。兼而一之，人君之道也；分而职之，人臣之事也。君失其道，无以有其国；臣失其事，无以有其位。然则上之畜下不

东汉·斛

中国古代教育智慧

周公测景台

妄，而下之事上不虚矣。上之畜下不妄，则所出法制度者明也；下之事上不虚，则遁义从令者审也。上明下审，上下同德，代相序也。君不失其威，下不旷其产，而莫相德也。是以上之人务德，而下之人守节。义礼成形于上，而善下通于民，则百姓上归亲于主，而下尽力于农矣。故曰：君明、相信、五官肃、士廉、农愚、商工愿、则上下体而外内别也，民性因而三族制也。

【注释】

①敦：注重，重视。

②稽：停留，阻滞。引申为囤积。

【译文】

做人君的，要讲求统属众官的方法，而不要干预众官职责以内的事务；做人臣的，要处理职责以内的事，而不要干预到职责以外去。君道不明，奉令干事的人就会发生疑虑；权限不划一，奉公守法的人就会感到迷惑。如果人民有疑惑犹豫的心理，国君不能加以纠正，那么百姓对国君的隔阂疏远就像明帖告示叫他们止步不前一样。所以，为国家树立君道，用于百姓，而能够治官化民的，那就是明君。上面对君主言无不尽，下面为人民出力办事，而能够奉公守法服从命令的，那就是忠臣。上面顺从君道，下面谨守职责，上下相互观察，就像看着测验日影的木表一样，有谁不正，就可以分别出来了。

"吏啬夫"担任督察的事，"民啬夫"担任教化的事。教化应当面向百姓，论罪应当不枉法行私，行赏应当信诚，体现出君臣的精神，其成效表现为人民的守国和作战方面。这样，民啬夫的职责就完成了。吏啬夫充分掌握着计量的规章和办事的法律。审议刑法、权衡、斗斛、文告与劾奏，都不以私意论断，而是据事实为准。这样，吏啬夫的职责就完成了。民啬夫制成规训和吏啬夫制成律令以后，那么，纵使谨朴忠信的人也不许增补，而玩忽怠惰的人更不许破坏。这样，君主的职责就完成了。所以，做人君的要根据吏啬夫和民啬夫的职务和职责，按照法度来考核他们。有好成绩的，就用尊贵的爵位和丰厚的田产来奖赏，使人民不会有攀比羡慕的心理。生与杀都不违背法度，人民也就安定而没有遗弃父母的。要做到这些，只有依靠上面有明确的法制和下面有固定的职责才行。

汉代·斛

天有经常的气象，地有经常的形体，人有经常的礼制，一经设立就不更改，这叫作三常。统一规划全局的是人君之道；分管各项职责的，是人臣的事。人君违背了君道，就不能够保有他的国家；人臣旷废了职责，就不能够保持他的官位。既然如此，那么君养臣能够真诚，臣事君也就老实。君养臣臣真诚，就是说立法定制的君主是英明的；臣事君老实，就是说奉公行法、服从命令的臣子是审慎的。上面英明，下面审慎，上下同心同德，就会相互形成为一定的秩序。君主不失其威信，臣下不旷废事业，谁也不用对谁感

中国古代教育智慧

秦二世

秦二世,姓嬴名胡亥,始皇死于出巡路上,宦官赵高和丞相李斯篡改遗诏,立胡亥为帝,是为秦二世,同时赐扶苏死。秦二世即位后,宦官赵高掌实权,实行惨无人道的统治,终于激起了公元前209年的陈胜、吴广的农民起义。秦二世胡亥于公元前207年被赵高杀死,时年二十四岁。

恩怀德。因此,在上的人讲求道德,在下的人谨守本分,义礼在上面形成了典范,美善在下面贯通到人民,这样,百姓就都向上亲附于君主,向下致力于农业了。所以说:君主英明,辅相诚信,五官严肃,士人廉直,农民愚朴,商人与工匠谨厚,那么,上下就有一定的体统,内外有一定的分别,人民生活有让你依靠,而农、商、工三类人也都有所管理了。

【故事】

凡事适可而止

俗话说:"物极必反。"任何事物都必须保持其一定的数量界限。在一定界限内,量的变化不会改变事物的质,而一旦超出了这个界限,量的变化就会引起质的变化。在自然现象和社会现象中,任何事物都有个"度",知道适可而止,使事物保持特定质的量的界限才能不断促进事物的发展。反之,则会引起无法挽回的后果。

秦朝是中国历史上第一个大一统的专制中央集权帝国,也是中国历史上最短命的王朝之一。观察其从崛起到灭亡的历史,不免让人心生诸多感慨,也给人以诸多的思考。当秦朝统一了天下,当权者不顾多年战乱后民众急需休养生息的需要,为了个人的享受而大兴建设工程,穷极民力,设立各种苛捐杂税压榨百姓,除了田租、户赋外,还有种种苛捐杂税,赋税征收量占农民全年收入的三分之二以上,农民"常衣牛马之衣,而食犬彘之食",使无数民众被逼到了死亡的边

管子的教育智慧

缘。徭役繁重，大量人口脱离生产，田地多荒芜，弄得民不聊生，阶级矛盾激化，从而导致了一场大规模农民战争。秦国是一个强大的国家，但是统治者残暴和贪得无厌，不知道应该实行仁政，在税收和法治方面不知道适可而止。最后，终于激起了民变。公元前206年，在农民起义的烈火中，不可一世的秦朝倒下了。

秦长城遗址

国家的强大来源于人民的富裕。只有当人民富裕了以后，才有更多的赋税上交给国家。如果人民都是贫困交加，有谁还能上交赋税给国家呢？什么事情都不能做得太过，过犹不及。欲望的永不满足不停地诱惑着人们追求物欲的最高享受，然而，过度地追逐利益往往会使人迷失生活的方向。因此，凡事要适可而止，才能把握好自己的人生方向。国家对人民的征税也是一样，不能有太多的名目，要衡量人民的能力、富裕程度，才能获得最佳的行为方式。

中国古代教育智慧

原始人狩猎图

十八、君臣下

【原文】

古者未有君臣上下之别，未有夫妇妃匹之合，兽处群居，以力相征。于是智者诈愚，强者凌弱，老幼孤独不得其所。故智者假众力以禁强虐，而暴人止。为民兴利除害，正民之德，而民师之。是故道术德行，出于贤人。其从义理兆形于民心，则民反道矣。名物处，违是非之分，则赏罚行矣。上下设，民生体，而国都立矣。是故国之所以为国者，民体以为国；君之所以为君者，赏罚以为君。

致赏则匮①，致罚则虐。财匮而令虐，所以失其民也。是故明君审居处之教，而民可使居治、战胜、守固者也。夫赏重，则上不给也；罚虐，则下不信也。是故明君饰食饮吊伤之礼，而物属之者也。是故厉之以八政，旌之以衣服，富之以国裹，贵之以王禁，则民亲君可用也。民用，则天下可致也。天下道其道则至，不道其道则不至也。夫水波而上，尽其摇而复下，其势固然者也。故德之以怀也，威之以畏也，则天下归之矣。有道之国，发号出令，而夫妇尽归亲于上矣；布法出宪，而贤人列士尽功能于上矣。千里之内，束布之罚，一亩之赋，尽可知也。治斧钺者不敢让刑，治轩冕者不敢让赏。坟然若一父之子，若一家之实，义礼明也。

为人君者，倍②道弃法，而好行私，谓之乱。为人臣者，变故易常，而巧言以谄上，谓之腾。乱至则虐，腾至则北。四者有一至，败敌人谋之。则故施舍优游以济乱，则百姓悦。选贤遂材，而礼孝弟，则奸伪止。要淫佚，别男女，则通乱隔。贵贱有义，伦等不逾，则有功者劝。国有常式，故法不隐，则下无怨心。此五者，兴德匡过、存国定民之道也。

原始人的生活

【注释】

①匮：匮竭，穷尽。

②倍：通"背"。违反，违背。

【译文】

古时没有君臣上下之分，也没有夫妻配偶的婚姻，人们像野兽一样共处而群居，以强力互相争夺，于是智者诈骗愚者，强者欺凌弱者，老、幼、孤、独的人们都是不得其所的。因此，智者就依靠众人的力量出来禁止强暴，强暴的人们就这样被制止了。由于替人民兴利除害，并规正人民的德性，人民便把这个智者当作导师。所以，道术和德行是从贤人那里产生的。道术和德行的义理开始形成在人民心里，人民就都归正道了。辨别了名物，分清了是非，赏罚便开始实行。上下有了排定，民生有了根本，国家的都城也便建立了起来。因此，国家之所以称其为国家，是由于有人民这个根本才称为国家；君主之所以成为君主，是由于掌握赏罚，才能成为君主。

中国古代教育智慧

苏忿生

颛顼帝的后裔古苏国国君苏忿生，曾任周武王司寇，颇有政名。

行赏过多则导致国贫，行罚过重则导致暴虐。财力贫乏和法令暴虐，都是会丧失民心的。所以，明君总是注意对于人民平时的教导，这样可以使人民平时得治，出战取胜，防守也会牢不可破。行赏过多了，上面就不能供应；刑罚太暴了，人民就不会信服。所以，明君就要讲究饮宴、吊丧的礼节，对人们分别等级给予不同的礼遇。所以，明君还用八种官职来勉励他们，用不同品秩的衣服来表彰他们，用国家俸禄来满足他们的生活需要，用国家法度来抬高他们的地位。这样，人们就都会亲附君主，可以为君主所用。人民可用，那么天下就会归心了。人君行道，天下就来归附；不行其道，天下就不归附。这好比浪头涌起，到了顶头又会落下来，乃是必然的趋势。所以，用恩德来安抚人们、用威势来震慑人们，天下就会归心了。一个有道的国家，通过发号施令，国内男女都会亲附于君主；通过宣布法律和宪章，贤人列士都会尽心竭力于君主。千里之内的地方，哪怕是一束布的惩罚、一亩地的赋税，君主都可以完全了解。主管刑杀的不敢私窃刑杀的权限，主管赏赐的不敢偷窃行赏的权限，人们服帖得像一个父亲的儿子、像一个家庭的情况一样，这是由于义礼分明的缘故。

做人君的，违背君道抛弃法制而专好行私，这叫作"乱"。做人臣的，改变旧制，更易常法，而用花言巧语来谄媚君主，这叫作"腾"。"乱"的行为发展到极点就会"暴虐"，"腾"的行为发展到极点就会"背叛"。这四种现象出现一种，就会失败，敌人就会来图谋这个国家。所以，国君多行施舍，宽容大度以防止祸乱，则人民喜悦；选拔贤者，进用人才而礼敬孝悌的人，则奸伪之徒敛迹；禁止淫荡懒惰，分清男女界限，则淫乱私通者隔绝；贵贱区分合理，等级不乱，则立功者受到鼓励；国家有确定规范，常法向人民公开，则人民没有怨心。

【故事】

嵇绍卫帝

晋朝的嵇绍，字延祖，是嵇康的儿子。嵇康是晋朝的名士、著名的"竹林七贤"之一，他所写的《养生篇》等佳作流传于后世。嵇康才华横溢，以丝竹音乐闻名于世，著名的《广陵散》就是他的代表作。当时他和六位朋友经常聚集在竹林底下吟诗、喝酒、作乐，非常悠闲，他们都是四方的贤达之人，对时局有着清醒的认知，对人生有着不同流俗的志节与追求，被后人尊称为"竹林七贤"。

嵇康在很年轻的时候，就由于遭受陷害而被司马昭所杀害。他在就义的时候，十分从容，并将年幼的儿子嵇绍托付给了好友山涛，希望他能够用心培养这个孩子。"有山涛在，你就不会孤苦无依，就好像父亲还在你的身边一样。"这是嵇康临别前留给儿子的话，当时的嵇绍才十岁。嵇康临刑的时候，抚着手中的琴，沉痛而又感慨地说："《广陵散》在世间就要从此绝响了。"在场的人都感到万分悲恸。

嵇康

嵇康（223年—263年），字叔夜，谯国（今安徽宿县）人，三国时期文学家、思想家、音乐家，"竹林七贤"之一。

中国古代教育智慧

山涛与王戎

"竹林七贤"中的山涛和王戎,在嵇康被杀害之后,对嵇绍一直都有着特别的照顾。他们尽到了朋友应尽的道义与责任,用他们慈父般的关怀和教导去照顾嵇绍,使得这个孤弱的孩子,虽然失去了父亲,却没有感到无依无靠,这就是成语"嵇绍不孤"的由来。朋友之间感人至深的信义与友情,也成为千古传扬的佳话。

嵇绍非常孝顺,他在父亲过世之后,小小的年纪就担负起了持家的重责,他细致体贴地关怀照顾自己的母亲,用倍于常人的孝思与孝行抚平了母亲内心至深的悲伤和痛苦。

嵇绍自幼饱读诗书,而且跟他的父亲一样富有音乐家的禀赋。父亲嵇康通晓五经,擅长书画,深具非凡的艺术气质,这些特质在嵇绍的身上也能够见到。嵇康的从容就义,在他幼小的心灵当中留下了永生难忘的记忆。秉承着父亲的风范,嵇绍最后也是为了保卫国家而牺牲了自己的生命。

当时,河间王与成都王起兵叛变,京城告急,晋惠帝与成都王交战于荡阴一带。不料晋兵打了败仗,眼见兵败如山倒,随驾惠帝的官员们仓皇逃遁,各自保命,卫兵们跑的跑逃的逃,连个影子都找不到。兵荒马乱之际,举目茫茫,极为紧急。就在最为紧要的关头,只留下了侍中嵇绍一人,独自护在皇上的身边,保护着他的安全。这时,无数森森冷冷的飞箭从四面八方射了过来,嵇绍护在惠帝的身上,用身体挡住了雨一般的流箭。一时间,鲜红的血液喷洒在惠帝的御衣上,留下了一片片殷红殷红的血迹,嵇绍倒在了血泊中。他用最为壮烈的牺牲呈现着对父亲精神的延续与诠解,如此地从容而又忠烈。

动乱平定之后,左右侍从看到皇上的衣服溅满了无数的血迹,就准备拿去洗,但是被惠帝拒绝了。他无限感伤地说:"这是嵇侍中的血,不要洗掉……"语不成声,至为悲切。战场上的那一幕还恍若昨日,而节烈的忠臣却永远不会再回来了。惠帝要永远保存这件血衣,这是国家的柱石与忠臣用生命的代价所诠释的,对"忠"至诚的理解与实践,这铭记着皇上对他永志不忘的追思。因此汉元帝即位后,赐嵇绍谥曰"忠穆"。

自古求忠臣必于孝子之门,嵇绍不惜生命坦然就义,独自护卫保驾,如此忠烈的壮举,其深厚的根源,正是源于内心至诚的孝顺之心,所谓"移孝作忠",这正是最为真实的写照。

管子的教育智慧

汉元帝

汉元帝(前75年—前33年),汉宣帝之子。生于民间,八岁被立为太子。元帝温文尔雅,出入恭俭。在元帝统治期间,中央集权受到削弱,社会危机日益加深,豪强大地主兼并土地之风日益盛行,统治阶级日趋腐朽没落。